Transforma
meu pranto
em dança

Dados Internacionais de Catalogação na Publicação (CIP)
(Câmara Brasileira do Livro, SP, Brasil)

Nouwen, Henri
  Transforma meu pranto em dança : como atravessar tempos difíceis com esperança / Henri Nouwen ; compilado e editado por Timothy Jones ; tradução de Jeanne Ruggiero Pilli. – Petrópolis, RJ : Vozes, 2020.

  Título original: Turn my mourning into dancing : moving throught hard times with hope
  Bibliografia.

  4ª reimpressão, 2024.

  ISBN 978-85-326-6324-5

  1. Consolação 2. Luto – Aspectos religiosos – Cristianismo 3. Sofrimento – Aspectos religiosos – Cristianismo I. Jones, Timothy. II. Título.

19-30119   CDD-259.6

Índices para catálogo sistemático:
1. Luto : Aspectos religiosos : Cristianismo   259.6

Cibele Maria Dias – Bibliotecária – CRB-8/9427

Henri Nouwen
Compilado e editado por Timothy Jones

Transforma meu pranto em dança

Como atravessar tempos difíceis com esperança

Tradução de Jeanne Ruggiero Pilli

EDITORA VOZES

Petrópolis

© 2001 Estate of Henri Nouwen
Prefácio © 2001 Timothy Jones
Publicada mediante acordo com Thomas Nelson, uma divisão da HarperCollins
Christian Publishing, Inc.

Tradução do original em inglês intitulado *Turn My Mourning into Dancing –*
Moving Through Hard Times with Hope

Direitos de publicação em língua portuguesa – Brasil:
2020, Editora Vozes Ltda.
Rua Frei Luís, 100
25689-900 Petrópolis, RJ
www.vozes.com.br
Brasil

Todos os direitos reservados. Nenhuma parte desta obra poderá ser reproduzida
ou transmitida por qualquer forma e/ou quaisquer meios (eletrônico ou
mecânico, incluindo fotocópia e gravação) ou arquivada em qualquer sistema ou
banco de dados sem permissão escrita da editora.

CONSELHO EDITORIAL	PRODUÇÃO EDITORIAL
Diretor	Aline L.R. de Barros
Volney J. Berkenbrock	Marcelo Telles
	Mirela de Oliveira
Editores	Natália França
Aline dos Santos Carneiro	Otaviano M. Cunha
Edrian Josué Pasini	Priscilla A.F. Alves
Marilac Loraine Oleniki	Rafael de Oliveira
Welder Lancieri Marchini	Samuel Rezende
	Vanessa Luz
Conselheiros	Verônica M. Guedes
Elói Dionísio Piva	
Francisco Morás	
Gilberto Gonçalves Garcia	
Ludovico Garmus	
Teobaldo Heidemann	

Secretário executivo
Leonardo A.R.T. dos Santos

Editoração: Maria da Conceição B. de Sousa
Diagramação: Sheilandre Desenv. Gráfico
Revisão gráfica: Alessandra Karl
Capa: Érico Lebedenco

ISBN 978-85-326-6324-5 (Brasil)
ISBN 978-08-499-4509-0 (Estados Unidos)

Este livro foi composto e impresso pela Editora Vozes Ltda.

Agradecimentos

Agradeço imensamente a Maureen Wright e a Sue Mosteller, do Henri Nouwen Literary Centre; a Gabrielle Earnshaw, dos Arquivos e Acervo de Pesquisa Henri J.M. Nouwen; e a John M. Kelly, Universidade de St. Michael's College, em Toronto. É quase desnecessário dizer que este livro não existiria sem eles.

Agradeço também a John Mogabgab por seu maravilhoso encorajamento e a Robert Jonas pela permissão para compartilhar sua história.

Sumário

Prefácio, 9

Introdução – Esperança neste mundo que nos faz sofrer, 13

Cinco movimentos para atravessar tempos difíceis, 17

1 De nossos pequenos eus para um mundo maior, 19

2 Do agarrar-se ao soltar, 39

3 Do fatalismo à esperança, 61

4 Da manipulação ao amor, 79

5 De uma morte amedrontada a uma vida feliz, 105

Lista de fontes, 125

Prefácio

"Não será suficiente", decidi no início, "visitar apenas os arquivos". Para compilar "TLD", seria necessário ir mais fundo.

Eu, é claro, classificaria as centenas de páginas de anotações de aula e transcrições de sermões que Henri Nouwen deixara em caixas-arquivo nas prateleiras. Isso nem precisava ser dito. Eu tinha toda a confiança de que os arquivos de escritos inéditos do falecido padre e autor renderiam vasto material para um livro. Décadas de leitura dos livros de Nouwen sobre a vida e o ministério espiritual em um mundo tão necessitado demonstraram sua preocupação com a oração e sua percepção da natureza humana. Isso eu sabia. Mas eu também queria saber sobre ele como pessoa. Ao trabalhar com seus arquivos, quis absorver mais da presença pastoral por trás das páginas rabiscadas e notas datilografadas.

Essa oportunidade surgiu acidentalmente. Meu amigo John Mogabgab, assistente de Henri durante seus anos na Yale Divinity School e atualmente editor da conceituada revista *Weavings*, sugeriu que eu também visitasse Daybreak, a comunidade que atende pessoas com deficiências profundas, onde Henri passou seus últimos anos como pastor. Como o acervo ficava perto de Daybreak, o caminho parecia claro. Eu passaria os dias daquela semana na biblioteca John M. Kelly do St. Michael's College, em Toronto. E passaria as noites em Daybreak, conversando com os associados de Henri, conhecendo os membros da comunidade, jantando com os "membros principais" e seus assistentes; poderia até mesmo ficar no Cedars, uma combinação de casa e biblioteca que havia sido fundada pelo próprio Henri, onde ele morava e escrevia.

Aprendi muito naqueles momentos sobre o homem por trás das palavras desde o momento em que pus meus pés fora do avião. Kathy, secretária de Henri nos últimos anos de sua vida, foi me encontrar no aeroporto para me levar à Daybreak; ela ficou ali em pé com uma placa que dizia: "A Comunidade Daybreak dá as boas-vindas a Timothy". E, de fato, receberam-me muito bem. Sue Mosteller, inventariante de Henri, e inúmeros outros membros da comunidade receberam-me nas orações matinais, nas residências da comunidade, em jantares e em conversas inesperadas ao redor de uma fotocopiadora.

Kathy, Sue e outros permitiram-me entrever um homem com um coração que constantemente buscava alcançar almas feridas. Compreendi que ele viveu com uma energia imensa e inspirada. Ele recebia constantemente ligações de pessoas com necessidades profundas – pessoas sem nenhum relacionamento anterior com Henri, das quais a maioria das figuras públicas pedia para ser protegida.

E a própria comunidade! Anos antes, Henri havia se demitido de Harvard para passar um ano sabático escrevendo em Trosly-Breuil, na França, na comunidade original de L'Arche, que atendia aos necessitados, física e intelectualmente deficientes. Ele se sentia tão em casa que, em 1986, aceitou o convite para se tornar conselheiro espiritual da comunidade L'Arche de Daybreak, perto de Toronto, Canadá. Descobrir Daybreak – ele e muitos de seus amigos disseram – representou uma volta para casa. Esse professor de alguns dos alunos mais brilhantes e articulados da nação – com passagens por Notre Dame, Yale e Harvard – passou os últimos anos de sua vida prestando grandiosos serviços através de sua presença gentil (às vezes intensa) e de suas palavras simples e pastorais de bênção. Ele naturalmente continuou escrevendo, e sua influência só cresceu, em um dos paradoxos que as grandes figuras tão frequentemente vivenciam.

Após a morte de Henri Nouwen em 1996, o interesse em sua composição literária ganhou mais e mais força. Acredito que isso se deva a muito mais do que ao seu estilo habilidoso ou às suas realizações impressionantes. Mais do que tudo, creio, o interesse contínuo graças a quem ele era: um coração partido diante de Deus e aberto para seus amigos e leitores. Henri era complexo e inacabado; ele sabia bem disso e não fingia o contrário. Mas, ainda assim, ele também sabia que havia um ministério a ser realizado; sofrimento a ser cuidado; esperança a ser trazida aos lugares obscuros da vida.

Tudo isso, espero que o leitor descubra, mediante os sermões, palestras e notas rabiscadas que compuseram e nutriram este livro. TLD oferece ainda mais vislumbres da caneta – e da vida – desse ligeiramente curvado e sempre apaixonado pregador da espiritualidade. À medida que aprendemos com esse cronista sobre as possibilidades de uma vida humana vivida vibrantemente com Deus, nossas tristezas também se transformem em esperança e até mesmo em alegria.

Timothy Jones
Outono de 2001.

Introdução

Esperança neste mundo que nos faz sofrer

Esta tarde, meu bom amigo Jonas ligou, voz trêmula, sendo silenciada pelo choque. Sua filha, disse ele, morrera quatro horas após o nascimento. "Margaret, eu e o nosso filho de três anos, Sam, estávamos tão ansiosos pelo novo bebê", disse ele. "Ela nasceu prematuramente em uma cesariana de emergência, mas, ainda assim, parecia que iria conseguir." Os sinais vitais logo mostraram que Rebecca não conseguiria viver por muito tempo.

Na Unidade de Terapia Intensiva, Jonas e Margaret seguraram a minúscula vida em seus braços. Então tudo acabou. Jonas fez uma oração pelo bebê – ele me disse – e o sinal da cruz.

Fiquei impressionado com o que Jonas disse em seguida. "Dirigindo-me para longe do hospital, continuei dizendo a Deus: 'Você nos deu Rebecca e agora eu a devolvi para você. Mas eu sei que um lindo futuro está sendo cortado. Dói muito perdê-la. Eu me sinto tão vazio'".

Procurei as palavras certas. O que eu poderia dizer? Não queria interferir no pranto de Jonas. Mas também sabia que Jonas não teria que enfrentar esse pesar sem consolo. "Rebecca", eu disse, "é sua filha – sua e de Margaret. Ela sempre será. Sam sempre terá uma irmã. Rebecca recebeu apenas algumas horas, mas elas não foram fúteis. Suas orações não são em vão. Ela vive agora no abraço eterno de Deus".

Foi uma longa conversa. Eu sei que minhas palavras deram apenas um conforto modesto. Mais do que qualquer coisa, Jonas e eu queríamos nos abraçar e chorar. Quão importante a nossa amizade parece em tal momento!

E me perguntei de novo, como talvez todos nos perguntemos quando a dor atinge com força e nos fere profundamente: Por que tal coisa aconteceu? Para revelar a glória de Deus? Para nos lembrar da fragilidade da vida? Ou talvez para aprofundar a fé daqueles que continuam? É difícil responder sim quando tudo parece tão escuro.

Quando penso em Margaret e Jonas, segurando a pequena Rebecca nos braços, penso também na própria mãe de Jesus. Com bastante frequência, pinturas e estátuas retratam Maria segurando o corpo flácido e sem vida de seu Filho em seu colo. Ela não ficou desolada, não se desesperou, mas que dor suportou ao ver seu Filho morrer em uma cruz! E quando penso em meus amigos Margaret e Jonas, sinto-me motivado a rezar.

As dificuldades que todos nós suportamos exigem mais do que palavras, é claro; até mesmo mais do que palavras espirituais. Frases eloquentes não conseguem aliviar nossa dor profunda. Mas, sim, conseguimos encontrar algo para nos orientar e nos guiar. Escutamos um convite para permitir que nosso pranto se torne um lugar de cura e nossa tristeza um caminho para nos levar da dor à dança. Quem, segundo Jesus, seria abençoado? "Aqueles que choram" (Mt 5,4). Aprendemos a olhar para as nossas perdas de forma plena, e não evitá-las. Saudando as dores da vida com algo diferente da negação, poderemos encontrar algo inesperado. Ao convidar Deus para nos acompanhar em nossas dificuldades, fundamentamos a vida – até mesmo os momentos tristes – na alegria e na esperança. Quando paramos de nos agarrar à nossa vida, podemos finalmente receber mais do que poderíamos conseguir por nós mesmos. E aprendemos o caminho para um amor mais profundo pelos outros.

Como podemos aprender a viver dessa maneira? Muitos de nós somos tentados a pensar que, se sofrermos, a única coisa importante é conseguirmos aliviar nossa dor. Queremos fugir a todo custo. Mas, quando aprendemos a nos mover através do sofrimento, em vez de evitá-lo, então o acolhemos de maneira diferente. Tornamo-nos dispostos a deixar que ele nos ensine. Começamos até mesmo a ver como Deus pode usá-lo para uma finalidade maior. O sofrimento se torna algo diferente de um incômodo ou de uma maldição a ser evitada a todo custo, transformando-se em um caminho para uma realização mais profunda. Em última análise, pranto significa enfrentar o que nos feriu na presença de Alguém que pode nos curar.

Isso não é fácil, é claro. Essa dança geralmente não envolve etapas que não exigem esforço. Pode ser que precisemos praticar. Com isso em mente, este pequeno livro mostra cinco movimentos de uma vida baseada em Deus. Eles não farão a dor desaparecer. Não prometem que vales sombrios e longas noites serão evitados. Mas esses passos na dança da coreografia de cura de Deus permitem que nos movamos graciosamente em meio ao que nos feriria, e que encontremos a cura enquanto suportamos o que poderia nos desesperar. Podemos finalmente encontrar uma cura que permita que nossos espíritos feridos voltem a dançar, que dancem sem medo do sofrimento e nem mesmo da morte, porque aprendemos a viver com esperança indestrutível.

Cinco movimentos para atravessar tempos difíceis

1

De nossos pequenos eus para um mundo maior

Quando cheguei a Daybreak, comunidade de pessoas com deficiência, onde tenho sido conselheiro espiritual, estava atravessando uma grande dor. Meus muitos anos no mundo acadêmico, minhas viagens entre os pobres da América Central e, mais tarde, minhas palestras ao redor do mundo sobre o que eu tinha visto, deixaram-me sem forças. Minha agenda mantinha-me correndo muito. Em vez de proporcionar fuga aos meus conflitos, essa correria de palestra em palestra só intensificava meu tumulto interior. E por causa da minha agenda não conseguia enfrentar minha dor de forma plena. Seguia com a ilusão de que estava no controle, de que seria capaz de evitar o que não queria enfrentar dentro de mim e no mundo ao meu redor.

Mas, quando cheguei, testemunhei o enorme sofrimento das pessoas portadoras de deficiência mental e física que ali moravam. Passei gradualmente a ver meus problemas dolorosos sob uma nova luz. Percebi que eles faziam parte de um sofrimento muito maior. Por meio dessa compreensão, encontrei uma nova energia para viver em meio à minha própria dificuldade e à minha dor.

Descobri que a cura começa quando tiramos nossa dor de seu isolamento diabólico e vemos que, seja qual for a dor, nós a vivemos em comunhão com toda a humanidade e também com toda a criação. Assim, nos tornamos participantes na grande batalha contra os poderes das trevas. Nossas pequenas vidas participam de algo maior.

Entendi também uma outra coisa nesse lugar: as pessoas não perguntam muito "Como posso me livrar do meu sofrimento?", mas "Como posso fazer disso uma oportunidade de crescimento e de compreensão?" Entre essas pessoas que, em sua maioria, não sabiam ler, não conseguiam cuidar de si mesmas; homens e mulheres rejeitados por um mundo que valoriza apenas o perfeito, o brilhante e o saudável, vi pessoas aprendendo como fazer a conexão entre o sofrimento humano e o sofrimento de Deus. Elas me ajudaram a ver como o caminho através do sofrimento não é negá-lo, mas viver plenamente em meio a ele. Elas perguntavam como transformar a dor, como uma longa interrupção, em uma oportunidade.

Como nós mesmos fazemos tais conexões? Como fazemos essa mudança de evitar nossa dor e pedir a Deus que faça bom uso dela e que valha a pena?

Contando nossas perdas

O passo inicial na dança parece muito simples, embora muitas vezes não seja fácil: somos chamados a chorar nossas perdas. Parece paradoxal, mas a cura e a dança começam quando olhamos diretamente para o que nos causa dor. Enfrentamos as perdas secretas que nos paralisaram e nos mantiveram aprisionados em negação, vergonha ou culpa. Nós não alimentamos a ilusão de que podemos escapar de nossas dificuldades. Ao tentarmos esconder partes da nossa história dos olhos de Deus e da nossa própria consciência, tornamo-nos juízes do nosso próprio passado. Limitamos a misericórdia divina aos nossos medos humanos. Nossos esforços para nos desconectarmos do nosso sofrimento acabam desconectando nosso sofrimento do sofrimento de Deus por nós. A saída da nossa perda e mágoa é interna e direta. Quando Jesus disse: "Pois não venho chamar os justos, mas os pecadores" (Mt 9,13), Ele afirmou que somente aqueles que podem enfrentar sua condição de feridos podem estar disponíveis para a cura e adotar um novo modo de viver.

Às vezes precisamos nos perguntar quais são nossas perdas. Ao fazê-lo, lembramo-nos de como a experiência da perda é real. Talvez você saiba o que é perder um pai ou uma mãe. Lembro-me muito bem da dor que senti depois que minha mãe adoeceu e morreu. Podemos passar por situações de morte de uma criança ou de amigos. E, às vezes, perdemos pessoas tão dolorosamente, por mal-entendidos, conflitos ou raiva. Pode ser que eu espere a visita de um amigo, mas ele não vem. Falo com um grupo e espero uma recepção calorosa, mas ninguém realmente parece responder. Alguém pode nos tirar um emprego, uma carreira, um bom nome.

Podemos ver as esperanças adoecerem dia após dia, ou os sonhos desaparecerem pela traição de alguém em quem confiamos por muito tempo. Pode ser que um membro da família se retire cheio de raiva e talvez nos perguntemos se fracassamos. Às vezes, nossa sensação de perda parece muito grande: leio o jornal e acho tudo muito pior do que no dia anterior. Nossas almas ficam tristes por causa da pobreza ou da destruição de tanta beleza natural em nosso mundo. E podemos perder o sentido da vida, não apenas porque nossos corações se cansam, mas também porque alguém ridiculariza maneiras de pensar e de rezar que prezamos há muito tempo. Nossas convicções, de repente, parecem antiquadas e desnecessárias. Até nossa fé parece instável. Essas são as possíveis decepções de qualquer vida.

Normalmente vemos essas dificuldades como um obstáculo para nossa visão de como deveríamos ser – saudáveis, com boa aparência, livres de desconforto. Consideramos que o sofrimento é, na melhor das hipóteses, irritante e, na pior das hipóteses, sem sentido. Nós nos esforçamos para nos livrar da dor como for possível. Uma parte de nós prefere a ilusão de que nossas perdas não são reais, que elas surgem apenas como interrupções temporárias. Assim, gastamos muita energia na negação. "Elas não deveriam impedir de nos atermos ao que é real", dizemos a nós mesmos.

Várias tentações alimentam essa negação. Nossa ocupação incessante, por exemplo, torna-se uma maneira de escaparmos do que algum dia deverá ser enfrentado. O mundo em que vivemos está em poder do demônio, e este prefere nos distrair e preencher cada pequeno espaço com coisas a serem feitas, pessoas para conhecer, negócios a serem fechados, coisas a serem produzidas. Ele não dá espaço para a tristeza e para o pranto genuínos. Nossa ocupação se torna uma maldição, mesmo quando pensamos que nos proporciona alívio da dor interior. Nossa vida superocupada serve apenas para nos impedir de enfrentar a inevitável dificuldade que todos nós, em algum momento ou outro, teremos de enfrentar.

A voz do mal também tenta nos oferecer a tentação de criar um *front* invencível. Palavras como vulnerabilidade, desapego, entrega, choro, luto e tristeza não são encontradas no dicionário do diabo. Alguém me disse uma vez: "Nunca mostre sua fraqueza, pois você será usado; nunca seja vulnerável, pois você se machucará; nunca dependa de outros, pois você perderá sua liberdade". Isso pode parecer muito sábio, mas não reflete a voz da sabedoria. Imita um mundo que exige que respeitemos sem questionar as fronteiras e compulsões sociais que nossa sociedade definiu para nós.

Enfrentar nossas perdas também significa evitar a tentação de ver a vida como um exercício de ter as necessidades atendidas. Somos pessoas carentes, é claro: queremos atenção, afeto, influência, poder. E nossas necessidades nunca parecem satisfeitas. Até mesmo ações altruístas podem se confundir com essas necessidades. Então, quando as pessoas ou circunstâncias não satisfazem todas as nossas necessidades, nós nos retiramos ou atacamos. Alimentamos nosso espírito ferido e nos tornamos ainda mais carentes. Ansiamos por garantias fáceis, ignorando qualquer coisa que sugira outro caminho.

Também gostamos de vitórias fáceis: crescimento sem crise, cura sem dores, ressurreição sem cruz. Não admira que gostemos de assistir a desfiles e gritar para os heróis que retornam, trabalhadores miraculosos e quebradores de recordes. Não é de admirar que nossas comunidades pareçam organizadas para continuar sofrendo a distância: as pessoas são sepultadas de tal maneira que a morte é coberta com eufemismo e mobília ornamentada. Instituições escondem os doentes mentais e criminosos em uma negação contínua de que pertencem à família humana. Até mesmo nossos hábitos diários nos levam a disfarçar nossos sentimentos e a falar educadamente com dentes cerrados, impedindo confrontos honestos e conciliadores. Amizades tornam-se superficiais e temporárias.

O caminho de Jesus parece ter sido muito diferente. Embora Ele tenha trazido grande conforto, com palavras amáveis e mãos que curavam, não veio para remover todas as nossas dores. Jesus entrou em Jerusalém em seus últimos dias montando um jumento, à maneira de um "palhaço" em um desfile. Essa foi a maneira que Ele encontrou para nos lembrar de que nos enganamos quando insistimos em obter vitórias fáceis. Quando pensamos que podemos ter sucesso escondendo o que nos aflige, exaltando nossos momentos de prazer. Muito do que vale a pena vem somente por meio do confronto.

O caminho do Domingo de Ramos até a Páscoa (Semana Santa), vivenciamos o caminho da paciência, o caminho do sofrimento. De fato, a palavra *paciência* vem da antiga raiz *patior*, sofrer. Aprender a ter paciência não é se rebelar contra todas as dificuldades. Pois se insistirmos em continuar a encobrir nossas dores com *hosanas* fáceis, corremos o risco de perder a paciência. É provável que nos tornemos amargos e céticos ou violentos e agressivos quando a superficialidade do caminho fácil desaparecer.

Em vez disso, Cristo nos convida a permanecer em contato com os muitos sofrimentos de todos os dias e a experimentar o começo da esperança e da nova vida ali mesmo, onde vivemos despedaçados em meio às mágoas e dores. Ao observar sua vida, seus seguidores descobriram que, quando todos os *hosanas* da multidão desapareceram no silêncio, quando discípulos e amigos o deixaram, e depois que Jesus gritou, "Meu Deus, meu Deus, por que me abandonaste?", foi que o Filho do Homem ressuscitou da morte. Foi então que Ele rompeu as correntes da morte e se tornou o Salvador. Esse é o caminho da paciência que conduz lentamente do triunfo fácil para a vitória difícil.

É menos provável que negue meu sofrimento quando aprendo como Deus o utiliza para me moldar e para me aproximar dele. Será menos provável que eu veja minhas dores como interrupções em meus planos e serei mais capaz de vê-las como o meio pelo qual Deus me prepara

para recebê-lo. Eu permito que Cristo viva perto das minhas mágoas e distrações.

Lembro-me de um velho padre que um dia me disse: "Sempre me queixei de meu trabalho ser constantemente interrompido; depois percebi que as interrupções eram o meu trabalho". As coisas desagradáveis, os momentos difíceis, os contratempos inesperados têm potencial maior do que normalmente imaginamos. A passagem do Domingo de Ramos para a Páscoa nos leva da vitória fácil, construída sobre pequenos sonhos e ilusões, à vitória difícil oferecida pelo Deus que espera para nos purificar por sua mão paciente e cuidadosa.

Como aprendi com meus amigos de Daybreak, no centro de nossa fé cristã percebemos um Deus que assumiu o fardo de todo o mundo. O sofrimento nos convida a colocar nossas mágoas em mãos maiores. Em Cristo, vemos Deus sofrendo por nós, e nos chamando a compartilhar o amor sofrido de Deus por um mundo ferido. As pequenas e até mesmo as avassaladoras dores de nossa vida estão intimamente ligadas às maiores dores de Cristo. Nossas tristezas diárias estão ancoradas em uma tristeza maior e, portanto, em uma esperança maior. Absolutamente nada em nossa vida está fora do reino do julgamento e da misericórdia de Deus.

O que acontece e o que não acontece

Uma das grandes questões da vida está centrada não no que acontece conosco, mas em como vamos experienciar e atravessar o que quer que aconteça. Nós não somos capazes de modificar a maioria das circunstâncias em nossa vida. Eu sou branco, de classe média e tenho uma boa educação. Nem sempre tomei decisões conscientes sobre essas coisas. Muito pouco do que vivi, na verdade, tem a ver com o que decidi – as pessoas que conheci, o lugar de onde vim ao mundo e tendências de personalidade foram mais decisivos.

Nossa escolha, portanto, muitas vezes não gira em torno do que aconteceu ou vai acontecer conosco, mas de como nos relacionamos com as voltas e circunstâncias da vida. Dito de outra forma: vou me relacionar com a minha vida de forma ressentida ou agradecida? Pense neste exemplo: você e eu colidimos um com o outro na estrada. Para mim, isso pode criar não apenas ferimentos graves, mas também amargos ressentimentos. Posso passar o resto da vida dizendo: "O acidente mudou tudo. Agora estou destruído, e a vida é muito difícil". Pode ser que você sofra as mesmas dificuldades, mas diga: "Será que esse momento pode servir como um chamado para viver a vida de outro modo? Poderia ser uma oportunidade para aprender algo novo, uma chance de fazer com que tudo que sofri sirva de testemunho para os outros?"

As perdas podem ser inegociáveis, mas nós temos uma escolha: como vivenciamos essas perdas? Somos chamados, de tempos em tempos, a descobrir o Espírito de Deus operando em nossa vida, dentro de nós, em meio aos momentos sombrios. Somos convidados a fazer escolhas com relação à vida. Uma chave na compreensão do sofrimento tem a ver com o fato de não nos revoltarmos diante das inconveniências e dores que a vida nos apresenta.

Participando de uma dança maior

O pranto nos faz pobres; lembra-nos poderosamente de nossa pequenez. Mas é precisamente aqui, nessa dor, na pobreza ou na estranheza, que o Dançarino nos convida a levantar e dar os primeiros passos. Em meio ao nosso sofrimento, não fora dele, Jesus penetra em nossa tristeza, toma-nos pela mão, ajuda-nos suavemente a ficarmos em pé e nos convida a dançar. Encontramos o caminho para orar, como o salmista fez: "converteste o meu pranto em dança" (Sl 30,11), porque no centro do nosso pranto encontramos a graça de Deus.

E enquanto dançamos percebemos que não precisamos ficar naquele lugar estreito da nossa dor; podemos ir além. Nós paramos de centrar nossa vida em nós mesmos. Levamos os outros conosco e os convidamos para a dança maior. Aprendemos a abrir espaço para os outros – e o Gracioso Outro em meio a nós todos. E quando nos tornamos presentes para Deus e para o povo de Deus, descobrimos que nossa vida é mais rica. Descobrimos que o mundo todo é nossa pista de dança. Nosso passo se torna mais leve porque Deus também chamou os outros para dançarem.

Um amigo me escreveu uma carta para contar sua descoberta. Ele decidira passar a semana seguinte ao Natal com o pai, que sofre da Doença de Alzheimer. Certa manhã, quando encontrou seu pai no programa diário de que ele participa, achou que estava muito ansioso e agitado. Seu pai estava preocupado pensando que sua própria mãe, que havia morrido muito antes de meu amigo nascer, estava precisando de sua ajuda. As preocupações eram claramente a expressão de uma angústia profunda que ele não conseguia expressar diretamente.

Meu amigo levou seu pai a um passeio por mais de uma hora pelo campo. Poucas palavras foram trocadas, mas meu amigo notou que a ansiedade de seu pai diminuía e que ele ficava mais relaxado. Depois de quase uma hora sem falar, o pai virou-se, olhou para o filho e disse: "Muito bom! Há tempos que não tínhamos uma visita tão boa". O filho sorriu e percebeu que seu pai estava certo. A angústia se transformou em paz; a perda transformou-se em ganho. Até mesmo o silêncio entre eles dava espaço para a cura. Muito do nosso movimento através do sofrimento está relacionado a tais momentos inesperados. Momentos que vêm como presentes em meio à nossa espera ou dificuldade; momentos que muitas vezes têm muito a ver com as pessoas que Deus coloca em nosso caminho.

Portanto, não nos aventuramos a passar de nossas pequenas vidas para a graça maior de Deus por simples resolução ou esforço solitário. Quando nossas necessidades nos levam a nos agarrar desesperadamente a um lugar, quando nossas feridas não curadas determinam a atmosfera ao nosso redor, ficamos ansiosos. Mas, então, deixamos que a mágoa nos lembre da necessidade que temos de nos curar. Enquanto dançamos e seguimos em frente, a graça fornece a base sobre a qual pisamos. A oração nos coloca em contato com o Deus da dança. Nós olhamos para além da nossa experiência de tristeza ou de perda, aprendendo a receber um amor que nos abraça, um amor que vem ao nosso encontro nos momentos cotidianos.

E, assim, esperamos pacientemente, se a situação exigir, observando os presentes chegarem onde estamos. Observe as maravilhosas e exuberantes flores pintadas pelo famoso artista holandês Vincent van Gogh. Que pesar, que tristeza, que melancolia ele sentia em sua vida difícil! Ainda assim, que beleza, que êxtase! Olhando para suas pinturas vibrantes de girassóis, quem seria capaz de dizer onde termina o pranto e começa a dança? Nossa glória está escondida em nossa dor, se permitirmos que Deus traga seu dom para dentro da nossa experiência. Se nos voltarmos para Deus sem nos rebelarmos contra a mágoa, permitimos que Ele a transforme em um bem maior; permitimos que os outros se juntem a nós e façam essa descoberta conosco.

A gratidão como essência da vida

Recentemente, uma amiga deixou a Comunidade de Daybreak para assumir a liderança de outra comunidade similar. Seus anos de doação plena de fé foram marcados por momentos de grande alegria, bem como momentos de grande tristeza. Ela desenvolveu amizades calorosas e profundas, realizou muitas coisas belas e assumiu diversos papéis de liderança. Ela também havia experimentado fracassos e desapontamentos porque alguns desses longos relacionamentos haviam sido quebrados em sua caminhada e ao final. Durante os meses que antecederam a partida, minha amiga, juntamente com outros membros de sua comunidade, ouviu coisas como: "Somos gratos por todas as coisas boas que aconteceram, por todas as amizades que desenvolvemos, por todas as esperanças que foram realizadas. Nós simplesmente temos de tentar aceitar os momentos dolorosos".

Ouvindo comentários como esses, comecei a me perguntar exatamente o que significaria para a minha amiga e para os membros da comunidade escolherem ser gratos por tudo o que aconteceu com eles em sua caminhada. Como a gratidão deles poderia ajudá-los a entrar mais plenamente em uma dança de cura e numa celebração da alegria? Talvez nada nos ajude a fazer o movimento de nossos pequenos eus para um mundo maior do que nos lembrarmos de Deus com gratidão. Essa perspectiva coloca Deus enxergando a vida como um todo, não apenas nos momentos em que nos dedicamos à liturgia ou à espiritualidade. Não apenas nos momentos em que a vida nos parece fácil.

Se Deus for encontrado em nossos tempos difíceis, então toda a vida, não importando o quanto nos pareça insignificante ou difícil, pode nos abrir para a obra de Deus entre nós. Ser grato não significa reprimir as mágoas que temos na memória. Mas à medida que nos aproximamos de Deus com nossas mágoas – honestamente, não superficialmente –, algo que pode mudar a vida lentamente começa a acontecer. Descobrimos que Deus é aquele que nos convida para a cura. Percebemos que qualquer dança de celebração deve combinar as tristezas e as bênçãos em um passo alegre.

Certa vez vi um lapidador remover grandes pedaços de uma pedra enorme na qual estava trabalhando. Na minha imaginação, pensei: essa rocha deve estar sentindo uma dor terrível. Por que esse homem fere tanto essa pedra? Mas, quando olhei melhor, vi a figura de uma graciosa dançarina emergindo gradualmente da pedra, olhando para mim, nos olhos da minha mente, e dizendo: "Seu tolo, você não sabia que eu precisava sofrer para assim passar para a glória?" O mistério da dança é que seus movimentos são descobertos no pranto. Curar é deixar o Espírito Santo me chamar para dançar, acreditar novamente, mesmo em meio à minha dor, que Deus orquestrará e guiará minha vida.

Nós tendemos, no entanto, a dividir nosso passado em coisas boas, a serem lembradas com gratidão, e coisas dolorosas, a serem aceitas ou esquecidas. Esse modo de pensar, que à primeira vista parece bastante natural, impede-nos de permitir que todo o nosso passado seja a fonte a partir da qual vivemos o nosso futuro. Isso nos aprisiona em um foco autocentrado no nosso ganho ou conforto.

Torna-se uma maneira de categorizar e, de certo modo, de controlar. Essa perspectiva se torna mais uma tentativa de evitar enfrentar o sofrimento. Uma vez que aceitamos essa divisão, desenvolvemos uma mentalidade segundo a qual esperamos coletar mais lembranças boas do que lembranças ruins, mais coisas para nos alegrarmos do que coisas sobre nos sentirmos ressentidos, mais coisas para comemorar do que para lamentar.

Gratidão, em seu sentido mais profundo, significa viver a vida como um presente a ser "recebido com gratidão". E a verdadeira gratidão abrange toda a vida: o bom e o mau, o alegre e o doloroso, o santo e o não tão santo. Fazemos isso porque nos tornamos conscientes da vida de Deus, da presença de Deus em meio a tudo o que nos acontece.

Isso é possível em uma sociedade na qual a alegria e a tristeza permanecem radicalmente separadas? Onde o conforto é algo que não apenas esperamos, mas que aprendemos a exigir? As propagandas nos dizem que não podemos sentir alegria no meio da tristeza. "Compre isso", dizem eles, "faça isso, vá até lá e você terá um momento de felicidade durante o qual esquecerá sua tristeza". Mas não seria possível abraçar com gratidão toda a nossa vida, e não apenas as boas coisas das quais gostamos de lembrar?

Se o pranto e a dança fazem parte do mesmo movimento de graça, podemos ser gratos por todos os momentos em que vivemos. Podemos afirmar que nossa incomparável jornada é a maneira pela qual Deus molda nossos corações para uma maior conformidade com Cristo. A cruz, o principal símbolo de nossa fé, convida-nos a ver a graça onde há dor; ver a ressurreição onde há morte. O chamado para ser grato é um chamado para confiar que todos os momentos podem ser compreendidos como o caminho da cruz que leva à vida nova. Quando Jesus falou aos seus discípulos antes de sua morte e ofereceu-lhes, na Última Ceia, o seu corpo e o seu sangue como presentes de vida, partilhou com eles tudo o que viveu – a sua alegria, a sua dor, o seu sofrimento e a sua glória –, permitindo que eles seguissem em sua missão em profunda gratidão. Dia após dia encontramos novas razões para acreditar que, em Cristo, nada nos separará do amor de Deus.

É claro que para mim é fácil empurrar as más lembranças para debaixo do tapete da minha consciência e pensar apenas nas coisas boas que me agradam. Parece ser o caminho para a realização. Ao fazê-lo, no entanto, evito descobrir a alegria que está por baixo da tristeza, o significado a ser extraído de memórias dolorosas. Perco a chance de encontrar a força que se torna visível na minha fraqueza, a graça sobre a qual Deus falou a Paulo: "A minha graça te basta, porque o meu poder se aperfeiçoa na fraqueza" (2Cor 12,9).

A gratidão só pode nos ajudar nessa dança se a cultivarmos. A gratidão não é uma emoção simples ou uma atitude óbvia. Viver com gratidão requer prática. Eu necessito de um esforço constante para recuperar todo o meu passado como a maneira concreta pela qual Deus me conduziu até este momento. Ao fazê-lo, devo enfrentar não apenas as mágoas de hoje, mas as experiências passadas de rejeição, abandono, fracasso ou medo. Embora Jesus tenha dito a seus seguidores que eles estavam intimamente relacionados a Ele, como os ramos de uma videira, eles ainda precisavam ser podados para produzir mais frutos (cf. Jo 15,1-5). Podar significa cortar, remodelar, remover o que diminui a vitalidade. Quando olhamos para um vinhedo podado, mal podemos acreditar que ele dará frutos. Mas, quando a colheita chega, percebemos que foi a poda que permitiu que as videiras concentrassem sua energia e produzissem mais uvas.

As pessoas gratas aprendem a celebrar mesmo em meio às lembranças difíceis e angustiantes da vida, porque sabem que a poda não é mera punição, mas preparação. Quando nossa gratidão pelo passado é apenas parcial, nossa esperança com relação ao futuro também pode não ser plena. Mas a nossa submissão ao trabalho de poda de Deus não nos deixará tristes e, sim, esperançosos pelo que pode acontecer em nós e através de nós. O tempo de colheita trará suas próprias bênçãos.

Estou gradualmente aprendendo que o chamado à gratidão pede que digamos: "Tudo é graça". Enquanto permanecermos ressentidos sobre coisas que desejamos que não tivessem acontecido, sobre relacionamentos que gostaríamos que tivessem sido diferentes, erros que gostaríamos de não ter cometido, parte do nosso coração permanece isolado, incapaz de dar frutos na nova vida à nossa frente. É uma maneira de nos separarmos de Deus.

Em vez disso, podemos aprender a ver as experiências de nosso passado como uma oportunidade para uma conversão contínua do coração. Deixamos que nossas memórias nos lembrem de que não pertencemos a nós mesmos, mas a Deus. Se estamos verdadeiramente preparados para uma nova vida a serviço de Deus, verdadeiramente alegres com os desdobramentos da vocação de Deus em nossa vida, verdadeiramente livres para sermos enviados para onde quer que Deus guie, todo o nosso passado, reunido no espaço amplo de um coração convertido, deve se tornar a fonte de energia que nos move adiante.

Era importante, então, que a partida da minha amiga da nossa comunidade fosse vista como um momento para reunir tudo o que ela viveu, e dizer: "Graças a Deus". Recordar sua história conosco também como a jornada de Deus ao lado dela iria colocá-la firmemente no caminho para sua nova vocação.

Quando penso em minha própria dor, na turbulência pessoal e na agitação interna que senti quando cheguei a Daybreak, percebo como Deus graciosamente não me levou a um lugar protegido, isolado da dor. Pelo contrário, em nenhum outro lugar consigo enxergar mais dificuldades do que entre pessoas deficientes que sofreram a perda não apenas de sua agilidade mental e até mesmo física, mas também do apoio familiar, de oportunidades educacionais e dos privilégios do casamento e de uma vida independente. Eu estava cercado de pessoas que passavam por grandes e inevitáveis necessidades. E, ainda assim, em nenhum outro lugar celebrei tanto ou tão ricamente do que entre esses homens ou mulheres que lamentavam tantas perdas. Quando celebramos juntos, não comemoramos formaturas, recompensas, promoções ou prêmios, mas sim o presente da vida que se revelou no meio de todas as perdas.

As decorações, os cartões, as velas, os presentes embrulhados – os abraços, os sorrisos e os beijos – são todas expressões de vida e esperança. Quando faço parte dessas celebrações, sejam as pequenas celebrações ao redor da mesa de jantar ou as maiores que acontecem na capela ou na sala de reuniões, fico maravilhado com a dança à qual o Espírito nos chamou a participar.

2

Do agarrar-se ao soltar

Há anos assisto entusiasmado a apresentações de trapezistas. Esse amor começou quando meu pai, com 89 anos de idade, veio me visitar. "Vamos ao circo", decidimos um dia. Naquela noite assistimos a cinco trapezistas sul-africanos – três voadores e dois apanhadores. Eles dançavam no ar! Quando voavam, tudo era perigoso, até se verem apanhados pelas mãos fortes de seus parceiros. Eu disse ao meu pai que sempre quis voar daquele jeito, que talvez tivesse me perdido da minha vocação!

Sou constantemente movido pela coragem dos meus amigos de circo. Em cada *performance* eles confiam que o voo terminará com as mãos deslizando para o aperto seguro de um parceiro. Eles também sabem que, apenas quando soltam de uma das barras de segurança conseguem prosseguir no gracioso arco até a seguinte. Antes que possam ser apanhados, eles precisam soltar; eles precisam enfrentar o vazio do espaço.

Viver com esse tipo de disposição para soltar é um dos maiores desafios que enfrentamos. Quer se trate de uma pessoa, um bem ou reputação pessoal, em muitas áreas nos agarramos a todo custo. Nós nos tornamos heroicos defensores da felicidade que conquistamos com tanto esforço. Tratamos as perdas, muitas vezes inevitáveis, como fracassos na batalha pela sobrevivência.

O grande paradoxo é este: soltando, abrindo mão é que recebemos. Encontramos segurança em lugares inesperados de risco. E aqueles que tentam evitar todos os riscos, aqueles que tentam garantir que seus corações nunca sejam quebrados acabam em um inferno autocriado. C.S. Lewis escreveu em *The Four Loves*:

> Amar é acima de tudo ser vulnerável... Se você quer ter certeza de manter seu coração intacto, não deverá dá-lo a ninguém, nem mesmo a um animal. Embrulhe-o cuidadosamente com passatempos e pequenos luxos; evite todos os envolvimentos; tranque-o no cofre do egoísmo. Mas, nesse cofre – seguro, escuro, imóvel, sem ar – ele irá mudar. Não será quebrado – tornar-se-á inquebrável, impenetrável, irredimível... O único lugar fora do céu onde você pode ficar perfeitamente seguro do perigo do amor é no inferno[1].

De muitas maneiras, quanto mais insistimos no controle e quanto mais resistimos ao chamado para manter a vida mais leve, mais precisamos negar a realidade de nossas perdas e mais artificial se torna a nossa existência. A crença de que precisamos agarrar com firmeza aquilo que precisamos é uma das grandes fontes de sofrimento. Mas abrir mão de posses, planos e pessoas nos permite

---

1. LEWIS, C.S. *The Four Loves*. Nova York: Harcourt, 1960, p. 169.

ter, com todos os seus riscos, uma vida de liberdade nova e inesperada.

Como podemos viver mais dispostos a soltar? Outro passo para transformar nosso pranto em dança tem a ver com não agarrar o que temos, não tentar garantir um lugar seguro onde possamos descansar, não tentar coreografar nossa vida ou a dos outros; mas, em vez disso, nos entregarmos a Deus, a quem amamos e desejamos seguir. Deus nos convida a experimentar não estar no controle como um convite à fé.

A grande ilusão da vida

Nossa grande ilusão é pensar que a vida é uma propriedade a ser possuída ou um objeto a ser apreendido, que as pessoas podem ser gerenciadas ou manipuladas. Às vezes, tentamos estabelecer uma lógica pela qual as coisas devem acontecer da maneira que queremos. Até nossos sonhos revelam muitas vezes o quão profundamente arraigada está essa ilusão. Quando não podemos ser heróis conquistadores durante o dia, ao menos pensamos que podemos ser durante a noite. Então, aparecemos como um gênio incompreendido ou um salvador reconhecido tarde demais por aqueles que nos criticaram.

Essa ilusão, por vezes, coloca-nos no caminho de uma busca frenética de individualidade e autorrealização. Queremos ser "fiéis a nós mesmos" – ou pelo menos à imagem que fazemos de nós mesmos. Damos tanta importância à nossa identidade que nos preocupamos com o que nos distingue. Nós nos preocupamos com o que estamos fazendo em comparação com os outros. Essa é a ilusão que nos coloca no caminho da competição, da rivalidade e até mesmo da violência. Isso nos torna conquistadores que lutarão por um lugar no mundo, mesmo à custa dos outros. Essa ilusão leva alguns ao ativismo nervoso, impulsionado pela crença de que qualquer pessoa é apenas o resultado de seu trabalho. A mesma ilusão leva outros à introspecção com a suposição de que eles são seus próprios sentimentos mais profundos.

A consciência de como essas ilusões nos agarram muitas vezes vem através de uma crise ou dificuldade. Em face de uma grande dor ou pranto inescapável, percebemos quão pouco controlamos nossa vida, quão debilmente nossos protestos mudam a realidade. Algo acontece para nos fazer perceber que podemos abrir mão de uma ambição acalentada, nos despedir de um amigo ou aceitar um corpo doente. Desistimos da esperança de um casamento ou do reconhecimento em uma carreira que parece fora de alcance. Olhamos no espelho e admitimos que não somos notavelmente bonitos, que nem sempre somos o centro das conversas nas festas, nem sempre brilhantes. E nos permitimos lembrar que não só a vida inclui perdas, mas, no final, em algum sentido, perderemos tudo porque inevitavelmente morreremos. Ao mesmo tempo, sentimos que *a* vida pode ser mais do que vida.

Essas descobertas nos lembram de nosso humilde lugar na ordem das coisas. Elas nos livram do autoengrandecimento. Talvez a necessidade de mais leveza na vida não possa ser mais evidente do que nos relacionamentos cotidianos. Amar alguém significa permitir que a outra pessoa responda de uma forma sobre a qual você não tem controle. Toda vez que você se envolve de maneira íntima e amorosa com outra pessoa, torna-se, ao menos em parte, sujeito à alegria de ouvir um sim dela ou o desapontamento de ouvir um não. Quanto mais pessoas você ama, mais dor poderá sentir. O grande mistério do amor é que, embora possa ser recebido, também pode ser rejeitado. Toda vez que você ama corre o risco do amor.

Veja a história de Jesus nos últimos capítulos de sua vida. Uma e outra vez no Novo Testamento lemos a frase "entregou", referindo-se a Jesus e a seus seguidores. Deus entregou seu filho pelos nossos pecados. Jesus não era mais aquele que pregava, falava, curava, tomava a iniciativa. O que existe foi feito para Ele. Mas foi cuspido, levado para a cruz, flagelado, crucificado. A Palavra, aquele por quem tudo foi criado, torna-se vítima de sua criação. Isso é o que sua morte significou: estar fora de controle, por nossa causa, por um grande amor.

Nossa dor e o sofrimento do Senhor estão intimamente conectados. Em pranto, morremos para algo que nos dá a sensação de quem somos. Nesse sentido, o sofrimento sempre tem muito a ver com a vida espiritual. Nós nos rendemos à tentativa de negar nossas limitações. Liberamos a fixação a um pedaço de nossa identidade como cônjuge, pai ou mãe, como membro da Igreja, como residente de uma comunidade ou nação. Podemos até mesmo sofrer pela nossa fé. Os primeiros seguidores de Jesus foram entregues à perseguição e à morte. E, assim, admitimos, não sem muitas lágrimas que, às vezes, precisamos deixar ir algo que nos é muito caro.

O fardo de tudo isso torna alguns descrentes. "Para que tudo isso?", eles concluem. A tentação é responder com uma reclamação contínua aos nossos planos e programas não realizados. O pranto se transforma em um gosto amargo crônico.

Essas realidades levam outros a compulsões desesperadas. Ao tentarem aliviar seus medos, eles os intensificam; acham mais e mais que devem controlar, mais e mais que devem se preocupar. Essa insistência cria ansiedade e agitação. De fato, quando nossa resposta ao mundo é motivada por um impulso de controlar e manter, nunca ficaremos satisfeitos. E como nossas necessidades não serão satisfeitas, esforçamo-nos cada vez mais, até nos concentrarmos tanto nos meios, que perdermos de vista o fim. Tornamo-nos como alguém que compra mercadorias com grande extravagância só para lidar com o medo da falência. E, dessa forma, fica com tanto medo de ladrões que não consegue sair de casa. Fica preso em seu próprio medo, em razão de todas as suas tentativas de escapar.

Mas os discípulos de Jesus abandonaram suas redes, a fonte de sua segurança econômica, e suas famílias, a fonte de sua segurança emocional, e seguiram aquele que prometeu satisfazer os desejos mais profundos de seus corações. Nós sabemos como é essa incerteza. E, no entanto, quando nos soltamos, sentimos que algo novo, algo maravilhoso pode acontecer.

Deixando nossas compulsões para trás

Ser totalmente convertido é deixar Deus nos conduzir para longe de nossas compulsões. Significa que admitimos desistir de tentar consertar as coisas incessantemente. A liberdade é o oposto das obsessões compulsivas.

Isso não é fácil, claro, principalmente porque necessidades intensas nos motivam. Por exemplo, nós nos sentimos sozinhos, e com isso olhamos – às vezes desesperadamente – para alguém que pode tirar a nossa dor: marido, esposa, amigo. Estamos todos prontos para concluir que alguém ou algo pode finalmente acabar com a nossa carência.

Dessa forma, acabamos esperando demais dos outros. Nós nos tornamos exigentes, pegajosos e até mesmo violentos. Relacionamentos se curvam com o enorme peso porque colocamos uma seriedade exagerada sobre eles. Sobrecarregamos nossos companheiros, seres humanos, com o peso de poderes imortais. Em nossos piores momentos, fazemos deles objetos para atender às nossas expectativas.

Mas sempre que eu escolho outros deuses, fazendo das pessoas ou eventos a fonte da minha alegria, descubro que minha tristeza só aumenta. Quando exijo dos outros o que só Deus pode dar, sinto dor. Um salmo aponta para outro caminho. "Eu digo ao Senhor: 'Tu és o meu Senhor; não tenho bem nenhum além de ti'" (Sl 16,2). Essa oração surge da experiência religiosa de um adorador que sabe que está protegido pela presença de Deus no templo. O salmista continua declarando que Deus é sua "porção", "taça", seu "quinhão". Tais imagens remontam a dias anteriores em Israel, quando os levitas, servos de Deus, não partilhavam da herança das outras tribos, mas Deus foi sua "herança" (Dt 10,9). Vemos que a fonte da alegria do salmista reside em uma vida vivida em comunhão com Deus.

Muitas coisas em nossa vida importam intensamente para nós, é claro. Não podemos ser completos sem pessoas para amar e pessoas que nos amam. Precisamos de comida e de lugar para morar; desfrutamos da companhia de um amigo e do prazer de um livro. Mas isso não significa que somos aquilo que adquirimos e realizamos, mas sim o que recebemos. As mais profundas alegrias não vêm do dinheiro que ganhamos, dos amigos de quem nos cercamos ou dos resultados que alcançamos; nós somos, em vez disso, quem Deus nos fez, para estarmos em seu infinito amor. Somos os presentes que nos são dados, não apenas as conquistas que arrancamos. Enquanto continuarmos correndo, ansiosamente, tentando nos afirmar ou sermos afirmados por outros, permaneceremos cegos para aquele que nos amou primeiro, que habita em nosso coração e formou nosso verdadeiro eu. Mas também podemos abrir nossos olhos. Podemos ver um novo caminho a seguir.

Mudando-se da casa do medo

O medo se torna um grande obstáculo quando fazemos esse movimento. Se há algo que me impressionou enquanto viajava por todo o país para dar palestras e ensinar, é que somos um povo medroso. Necessidade física ou desconforto nos apavoram. Tememos por nossa segurança e por nossos empregos. Nós nos tornamos cada vez mais desconfiados dos outros e guardamos nossos pertences em lugares secretos. No âmbito das relações internacionais, os países ricos constroem muros ao redor de sua riqueza para que nenhum estranho possa roubá-la. Construímos bombas para proteger aquilo que, convencidamente, devemos defender. Mas, por uma grande ironia, nós nos tornamos cativos de nossos próprios medos. Aqueles que podem nos assustar passam a ter poder sobre nós. Aqueles que nos fazem viver em uma casa de medo acabam por tirar completamente nossa liberdade.

Quando morei entre os pobres na América Latina, vi um povo que vivia de uma maneira diferente. Eles aprenderam que o medo nunca deve governar. Em meio à tortura, opressão e pobreza, as pessoas viviam gratas e em paz. Encontrei menos medo do que naqueles que vivem em países onde tantos possuem tanto. E, repentinamente, percebi outro aspecto da opressão – a opressão não apenas dos pobres e injustiçados, mas a opressão paradoxal dos que estão no poder. O outro lado da pobreza das nações do Sul é o medo, a culpa e a solidão das nações do Norte.

O sofrimento de países ricos – a ansiedade e a solidão – vem como uma consequência oculta de ignorar os menos afortunados. Acompanha a extravagância injusta.

Onde quer que vivamos, Cristo nos convida a nos mudarmos da casa do medo para a casa do amor: deixar nossa possessividade por um lugar de liberdade. O Verbo se fez carne e armou sua tenda entre nós para que Deus pudesse morar na casa do amor entre nós. E Jesus nos diz que Ele vai ao Pai para preparar uma casa para nós, para que possamos fazer nosso lar nele como Ele faz em nós. "Onde você está?", pergunta Ele. "Você está vivendo na morada do amor?"

Jesus fala conosco no Evangelho usando outras palavras fortes: "Não tenha medo". É uma palavra que ressoa em toda a história do Evangelho: Gabriel disse isso a Zacarias antes do nascimento de João Batista. Gabriel disse isso a Maria antes do nascimento de Jesus. O anjo declarou isso às mulheres no túmulo. E o próprio Senhor disse isso quando apareceu aos seus discípulos: "Não temais" (Mt 28,10). É como se Deus estivesse nos dizendo: "Eu sou o Deus do amor, um Deus que o convida a receber os dons da alegria, da paz e da gratidão que os pobres descobriram e a deixar seus medos para que você possa começar a compartilhar seus tesouros".

Quando mantemos os olhos voltados para aquele que diz "Não tenha medo", podemos lentamente soltar nosso medo. Aprenderemos a viver em um mundo sem fronteiras tão zelosamente defendidas. Estaremos livres para ver o sofrimento de outras pessoas, livres para reagir não com defensividade, mas com compaixão, com paz em nós mesmos.

Convertendo ilusões através da oração

Nos Evangelhos vemos, repetidamente, como Jesus se retira – às vezes muito antes do amanhecer – para orar. Em oração, Jesus alcança a compreensão, vez após vez, que foi o Pai celestial quem o enviou. É Deus quem lhe dá palavras para falar. Ele não reivindica para si mesmo "recompensas" pelo sacerdócio; em vez disso, Ele escuta.

Somente a oração nos permite ouvir outra voz, responder às possibilidades mais amplas, encontrar uma saída para nossa necessidade de ordenar e controlar. Assim, as questões que parecem moldar nossa identidade não importarão muito: Quem diz coisas boas sobre mim? Quem não diz? Quem é meu amigo? Meu inimigo? Quantos gostam de mim? À medida que fazemos de Deus o centro de nossa vida, nosso senso de quem somos dependerá menos do que os outros pensam ou dizem sobre nós. Deixaremos de ser prisioneiros das relações interpessoais.

De fato, a oração nos mostra como impedir que o relacionamento interpessoal se torne uma idolatria. Ela nos lembra que aprendemos a amar apenas porque vislumbramos ou sentimos um primeiro amor, um amor supremo. Eis o caminho para um amor que transcende o interpessoal: "Nós amamos porque Ele nos amou primeiro" (1Jo 4,19). Encontramos a liberdade quando somos tocados por aquele primeiro amor. É esse amor que nos afastará da alienação e da separação. É um amor que pode acalmar nossas compulsões para acumular e para fingir que podemos organizar o futuro. É um amor que nos permite amar os outros.

A oração torna-se, então, uma atitude que vê o mundo não como algo a ser possuído, mas como um presente que fala constantemente daquele que nos presenteou. Isso nos leva a sair do sofrimento que vem de insistir em fazer as coisas do nosso jeito. Abre nossos corações para receber. E a oração refresca nossa memória sobre como outras pessoas nos revelam o presente da vida.

Quando oramos, admitimos que não sabemos o que Deus vai fazer. Mas precisamos nos lembrar de que nunca descobriremos se não estivermos abertos aos riscos. Aprendemos a abrir nossos braços para a profundeza do mar profundo e para a altitude dos céus com mente e coração também abertos. Em muitos aspectos, a oração torna-se uma atitude para com a vida que se abre para receber um presente que está sempre chegando. Encontramos coragem para deixar que coisas novas aconteçam, coisas sobre as quais não temos controle, mas que agora parecem menos ameaçadoras.

E é aqui que encontramos coragem para enfrentar nossas feridas e limites humanos, seja nossa aparência física, a sensação de sermos excluídos pelos outros, lembranças de mágoa ou abuso, opressão dos outros. Quando encontramos liberdade para gritar em nossa angústia ou para protestar contra o sofrimento de alguém, nos descobrimos sendo lentamente levados a um novo lugar. Aprendemos a esperar pelo que nós, pela nossa própria força, não somos capazes de criar ou orquestrar. Percebemos que a alegria não tem a ver com balões e festas, nem com ter uma casa, nem com ter filhos bem-sucedidos na escola. Tem a ver com uma experiência profunda, uma experiência de Cristo. Na escuta silenciosa da oração aprendemos a distinguir a voz que diz: "Eu amo você, quer outros gostem de você ou não. Você é meu. Construa sua morada em mim assim como construí minha morada em você".

Jesus ressuscitado disse a Pedro: "Eu lhe digo que, quando você era mais novo, costumava apertar seu cinto e ir aonde quisesse. Mas, quando você envelhecer, estenderá suas mãos e outra pessoa apertará um cinto ao seu redor e o levará para onde você não deseja ir". Jesus, assim nos diz João, indicou o tipo de morte pela qual Pedro glorificaria a Deus. Então Ele lhe disse: "Siga-me" (Jo 21,18-19). Isso é muito radical! Um psicólogo nos diria: "Quando você era jovem, alguém amarrou um cinto e guiou você, mas agora que você está velho, pode seguir com suas próprias pernas". Mas Jesus diz que maturidade significa uma crescente disposição para ser conduzido – até mesmo para lugares que você escolheu por sua própria vontade. É nesse tempo e lugar de necessidade que nos voltamos para o Outro; percebemos que não podemos viver sem Deus. E assim, todos os reconhecimentos e confortos da vida assumem um matiz diferente.

Isso é difícil de dizer e fácil de ser mal compreendido; pode parecer masoquismo. Mas não estou falando de querermos ser punidos, mas sim de nos deixarmos despojar de nossa confortável confiança na família, nos amigos, no sucesso, na saúde e nos modos familiares de pensar. Podemos fazer isso porque, em oração, aprendemos a confiar que nossa nudez será, ao final, coberta por bondade. O pranto não significa apenas enfrentar nossas perdas; ele também acolhe nossas perdas como formas de seguir mais radicalmente a voz do amor.

O Evangelho nos chama continuamente a fazer de Cristo a fonte, o centro e o propósito de nossa vida. Nele encontramos nosso lar. Na segurança desse lugar nossas tristezas podem nos apontar Deus, até mesmo nos levar ao abraço amoroso dele. Aqui, o pranto por nossas perdas, em última análise, permite-nos reivindicar nosso direito de sermos amados. O pranto nos abre para um futuro que não poderíamos imaginar sozinhos – um futuro que inclui uma dança.

Esse é o caminho de Jesus. O Homem de Dores que, familiarizado com a dor (Is 53,3), prometeu alegria. "Tenho dito estas palavras para que a minha alegria esteja em vocês e a alegria de vocês seja completa" (Jo 15,11). "Você vai chorar e se lamentar", disse Ele, "mas sua dor se transformará em alegria" (Jo 16,20).

Abrindo-se a um Deus surpreendente

Toda essa conversa sobre soltar pode desafiar algumas convicções há muito guardadas. Mesmo em nossa fé, podemos precisar abrir nossos dedos e nossos braços para um Deus surpreendente.

Há algum tempo, encontrei um aluno que estava sentado nos degraus de um prédio do *campus*, com a cabeça apoiada nas mãos. "O que foi?", perguntei. "O que há de errado?"

"Bem", disse ele, "tudo parece demais. Há cursos demais, coisas interessantes demais para fazer, escolhas demais para fazer. Eu me sinto como uma criança em uma loja de doces que tem apenas uma moeda e não sabe como gastá-la".

Lembrei do meu novo amigo porque muitas vezes dizemos em nossas escolas, locais de trabalho e bairros que, se tivéssemos tempo e energia suficientes, poderíamos conquistar o mundo, conquistar a vida. Mesmo em nossas aulas e palestras sobre Deus, estamos propensos a reduzi-lo a nossas preconcepções e sistemas. Estamos, afinal, com um pouco de medo de Deus. Queremos amá-lo, mas nos cercamos e o mantemos a distância. Nossos hábitos e costumes espirituais se transformam nessa cerca. No fundo, estamos dizendo a Deus: "se quiser entrar, use aquela entrada antiga, do jeito antigo".

Mas o sofrimento frequentemente nos ensina uma lição sobre a incompreensibilidade de Deus, que diz através de Isaías: "Porque, assim como os céus são mais altos do que a terra, também os meus caminhos são mais altos do que os seus caminhos; e os meus pensamentos, mais altos do que os seus pensamentos" (Is 55,9).

Esta é, em última instância, uma palavra libertadora. Convida-nos a não fazer com que Deus esteja em conformidade com nossos desejos, a não tentar consertar as regras. Isso porque não somos capazes, mesmo se tentarmos, de colocar Deus em nossas mãos e pensar: finalmente, agora eu entendo. Em vez disso, depois que toda a turbulência ou a longa noite acabarem, chegaremos com as mãos vazias, aquelas que estenderemos a Deus.

Nossa espera em Deus, nosso questionamento sobre aonde Ele está nos levando podem cultivar em nós uma crescente sensibilidade para a presença dele, bem como para sua ausência. Aprendemos a aceitar os caminhos surpreendentes de Deus e sua presença intermitente dentro de nós. Já não presumimos que, se nos empenharmos com afinco suficiente nas questões espirituais, em nosso trabalho ou em atividades religiosas, certamente sentiremos Deus falando conosco. Com menos frequência nos pegamos esperando que Deus venha a nós de acordo com nossos cronogramas ou com nossos cálculos.

Na teologia, fala-se muito sobre quem é Deus, quem entendemos ser Deus, como percebemos as ações de Deus. Nós falamos daquilo que acreditamos ser verdade. Haverá também, se não insistirmos em sistematizar o Infinito e o Inefável, muitos nãos – Deus não é só justiça, não é só amor, não é só liberdade, não é só isto ou aquilo. Deus é maior do que nossos corações. Temos vislumbres suficientes para sabermos que Deus supera toda e qualquer capacidade de pensar ou imaginar.

Nesses momentos, Deus nos pede para sair de nossas gaiolas seguras, para parar de calcular os riscos. Jesus nos diz: "Tome sua cruz, siga-me; abandone até mesmo seu pai e sua mãe, se precisar. Não insista em saber exatamente o que vem a seguir, mas confie que você está nas mãos de Deus, que guiará sua vida". Podemos fazer isso porque nos é dito repetidas vezes nas Escrituras: "Não tenha medo". Dê-me uma chance. Eu sou seu Salvador, seu Guia, seu Amigo, seu Noivo.

Deixando ir o que é velho

Essa atitude de abertura pode significar a liberação da fixação a determinados preconceitos. Somos solicitados a nos rendermos a uma visão de Deus e do povo de Deus maior do que tudo o que conhecemos neste momento. Talvez tenhamos que abandonar algumas caixas onde a vastidão da verdade de Deus não cabe mais. Pode ser que precisemos desenvolver outra postura em relação às pessoas com as quais convivemos todos os dias, ou com quem cruzamos indo para o escritório, ou com as que vemos nos noticiários. A oração, podemos descobrir, nos ajuda a ver os outros como pessoas a serem recebidas, amadas.

Jesus contou uma parábola sobre um proprietário de terras que contratou vários trabalhadores. Sem importar em que momento do dia cada um havia começado a trabalhar, no final, "Cada um deles recebeu o salário diário habitual" (Mt 20,9). Alguns que haviam trabalhado desde o início da manhã, à semelhança dos ouvintes de Jesus, ficaram furiosos quando Jesus mostrou que Deus é livre para perdoar a quem Ele quer perdoar. Que Deus não obedece a regulamentações feitas por nossas expectativas limitadas. Os ouvintes de Jesus ficaram ainda mais furiosos quando Ele demonstrou grande simpatia por Maria Madalena, uma prostituta, e por Mateus, um cobrador de impostos.

Ao entrarmos em íntima comunhão com Deus, igualmente entramos em íntima comunhão com o povo de Deus. A oração é a comunhão com Deus na privacidade do lugar em que estamos. É também a comunhão com o povo de Deus em todo o mundo e através dos séculos. Esse amor supera o medo que nos separa. Esse amor nos permite abandonar nossos pequenos medos.

Isso pode parecer difícil, mas esse amor, ao trabalhar em nós, acaba nos oferecendo uma saída para a hipocrisia e para a opressão. Ele nos resgata da ilusão que faz os ricos pensarem que sabem o que é melhor para os pobres, os homens pensarem que sabem o que é melhor para as mulheres, ou os brancos acharem que sabem o que é melhor para os negros. Isso nos salva da ilusão de poder que nos leva a Auschwitz, Hiroshima ou Jonestown.

Aguardando pelo dia

Esse amor também evita que a renúncia à ilusão do controle se torne mera passividade. Deixar de lado nossa pequena visão de Deus ou nossos preconceitos não significa que não devamos nos importar apaixonadamente. Uma e outra vez vemos na Bíblia o povo de Deus trabalhando ativamente para a novidade de Deus; lutando por justiça, buscando o reino. O escritor da Segunda Carta de Pedro fala de nossa "espera e anseio por chegar o dia de Deus" (3,12). Esse é um chamado para olhar, para manter os olhos abertos, para ficar acordado, alerta e sempre observando. E, assim, nos mantermos empenhados em trabalhar pelo bem enquanto vigiamos.

Mas parte de nossa espera, vigilância e serviço tem a ver com nos tornarmos primeiramente testemunhas, pessoas que reconhecem a chegada de Deus em nosso meio e em nosso mundo. Existe algum espaço em sua vida no qual o Espírito de Deus tem a chance de se mostrar, falar ou agir? Ser contemplativo significa remover as vendas que nos impedem ver sua chegada em nós e ao nosso redor. Significa aprender a ouvir, nos espaços de quietude que deixamos para Deus, e, assim, saber como nos relacionarmos com o mundo que nos rodeia.

Andando algum tempo em Nova York, percebi como a maioria dos espaços é preenchida com outras coisas. Quanta coisa amontoada naquele lugar! Parece que temos medo de espaços vazios. O filósofo Spinoza chamou isso de *horror vacui*. Queremos preencher o que está vazio. Nossa vida fica muito cheia. E, quando não estamos cegos de tão ocupados, preenchemos nosso espaço interno com culpa sobre as coisas do passado ou nos preocupamos com as coisas que estão por vir. Talvez parte do nosso medo venha do fato de que um lugar vazio significa que algo pode acontecer conosco, algo que não podemos prever, que é novo, que nos leva a um lugar aonde talvez não queiramos ir. Eu posso não querer ouvir o que Deus tem a dizer.

Aqui está o lugar para cultivar um coração aberto. A disciplina é o esforço concentrado para criar algum espaço em nossa vida onde o Espírito de Deus pode nos tocar, nos guiar, falar conosco e nos levar a lugares que são imprevisíveis, onde não estamos mais no controle. Muitos escritores da vida espiritual falam de "prestar atenção" em Deus. A atenção nos ajuda a olhar para Deus de forma plena, a convidá-lo para entrar de maneira mais completa em nossa vida. Isso nos leva às profundezas da misericórdia de Deus para curar. Essa atenção, escreve Simone Weil,

> consiste em suspender nosso pensamento, deixando-o desengajado, vazio e pronto para ser penetrado pelo objeto... Todas as traduções erradas, todos os absurdos nos problemas de geometria, toda a deselegância de estilo e todas as desconexões de ideias nas composições e ensaios, todas essas coisas devem-se ao fato de o pensamento ter se agarrado a uma ideia apressadamente e de ter sido prematuramente bloqueado, de não estar aberto à verdade. A causa é sempre querermos ser muito ativos; querermos realizar uma busca... Nós não obtemos os presentes mais preciosos partindo em busca deles, mas sim esperando por eles[2].

---

2. WEIL, S. *Waiting for God*. Nova York: G.P. Putnam's, 1951, p. 111-112.

Disciplina, nesse sentido, não tem o sentido que às vezes damos – dominar, por exemplo, as disciplinas de Sociologia, por exemplo, Direito ou Enfermagem. Não estou falando de um conjunto de materiais ou de um conjunto de princípios e práticas de organização. Disciplina, no sentido que quero dar, é deixar espaço em nossos corações, onde possamos ouvir o Espírito de Deus de uma maneira que transforma a vida. É guardarmos espaço em nossa vida para nos tornarmos sensíveis e receptivos à Palavra de Deus. Encontrarmos naqueles atos de risco algo maravilhosamente além do que poderíamos ter feito sozinhos, por nós mesmos, sem Deus.

Essa é uma lição que aprendo repetidamente, de novo e de novo.

Desde que fiz aquela visita ao circo com meu pai, desde que me vi cativado pelos trapezistas, todos os anos eu me juntava ao grupo de circo durante uma semana para viajar com eles. Certa vez o líder me disse: "Henri, todo mundo me aplaude porque, quando faço aqueles saltos e piruetas, eles pensam que eu sou o herói. Mas o verdadeiro herói é o apanhador. A única coisa que tenho que fazer é esticar minhas mãos e confiar, confiar que ele estará lá para me puxar de volta".

Não podemos dizer nada menos sobre o Deus que circunda nossas pequenas vidas e espera para nos pegar e nos segurar – nas situações difíceis e nas situações boas, nos momentos perigosos e nos momentos em que alçamos voo. Alguém dentro de nós e além de nós sempre torna isso possível. Por causa disso, os ganchos que nos prendem à vida com tanta força – às alegrias e até às tristezas – podem se afrouxar. Nós também podemos aprender novamente a voar – a dançar.

3

Do fatalismo à esperança

Você consegue se lembrar do que estava fazendo há exatamente um ano? O que você estava falando? O que o deixou com raiva ou feliz, ansioso ou confiante? É possível que você tenha algumas lembranças vivas se algo dramático aconteceu. Mas, para a maioria de nós, o que nos preocupou naquele dia tornou-se vago ou desapareceu da memória consciente.

Se eu pedisse para você retroceder três ou quatro anos, seria ainda mais difícil de lembrar. Eventos que nos acorrentam à TV podem parecer *flashes* do passado. Algumas questões antes atuais perderam a urgência. Podemos apenas raramente, ou nunca, ter notícias de um colega ou amigo a quem dávamos atenção.

De repente, percebemos o quão efêmera é a nossa existência, como água que escorre das nossas mãos. Reconhecer isso pode nos encher de tristeza, pois nos faz perceber que algo de nós está morrendo o tempo todo. Isso pode nos levar à conclusão de que nunca devemos ter muita expectativa. Pode nos fazer esquecer que novas possibilidades quase sempre nos aguardam na esquina.

Mas, enquanto os presidentes e papas iam e vinham, enquanto as guerras explodiam e acabavam, enquanto alguns perdiam o emprego e só depois tiveram seus talentos reconhecidos, enquanto as crianças ficavam doentes e depois se tornavam heróis esportivos, enquanto tudo isso acontecia, algo estava sendo formado, algo que nem a morte nem a doença poderia destruir. Para aqueles que têm olhos para ver e ouvidos para ouvir, muito em nossa vida fugaz não é passageiro, mas duradouro; não morre, mas ganha vida; não é temporário, mas eterno. Em meio à fragilidade de nossa vida temos motivos maravilhosos para ter esperança.

Alguns chamam essa realidade oculta de "graça", outros de "a vida de Deus em nós", outros ainda de "o Reino de Deus entre nós". Qualquer que seja o nome que você dá, quando focar seus olhos e ouvidos nesse precioso centro, começará a perceber que todas as torrentes de tempo e circunstância que giram em torno dele servem apenas como polimento, que o transforma em um dom precioso e imperecível. Quem crê, Jesus nos lembra, tem a vida eterna (Jo 6,40). Essa é a enorme revolução – neste mundo fugaz e temporário Ele vem plantar a semente da vida eterna. De muitas maneiras, é isso que significa o termo vida espiritual – o cultivo do eterno em meio ao temporal, do duradouro no passageiro, da presença de Deus na família humana. É a vida do Espírito divino dentro de nós.

Ao tomar consciência dessa misteriosa presença, a vida se transforma. Você sente alegria mesmo quando os outros nutrem queixas, experiencia a paz enquanto o mundo conspira na guerra e encontra esperança mesmo quando as manchetes transmitem desespero. Você descobre um profundo amor, mesmo quando o ar ao seu redor parece estar impregnado de ódio.

O fascínio do fatalismo

Nem sempre parece tão simples, é claro. Às vezes nos esquecemos de ver o eterno em meio ao temporário. Às vezes vemos a qualidade de transitoriedade da vida como causa de resignação.

Fatalismo é a "aceitação de todo evento como inevitável", segundo o *Dicionário Webster*. E essa visão é mais difundida do que podemos perceber. Albert Nolan escreve sobre Jesus antes do cristianismo: "O fatalismo é a atitude predominante da maioria das pessoas, na maior parte do tempo. Ele encontra essa expressão em declarações como: 'Nada pode ser feito a respeito disso'; 'Não se pode mudar o mundo'; 'Você precisa ser prático e realista; 'Você precisa aceitar a realidade'"[3]. Uma pessoa fatalista diz: "Para que isso? Nós vamos perder no final. Somos vítimas do destino". Isso leva facilmente ao ressentimento, à amargura, à falta de esperança, ao desespero.

O fatalismo nos aflige de muitas maneiras, afetando inclusive nossos relacionamentos. Usamos rótulos e categorias que nos impedem de esperar por algo novo um do outro. "Ela é assim mesmo", alguém diz, assumindo

---

3. NOLAN, A. *Jesus before Christianity*. Maryknoll, NY: Orbis, 1976/1978, p. 32.

que resolveu o problema. "Esse comportamento é típico dele", murmuramos. Ou o lugar onde trabalhamos ou as instituições com as quais lidamos podem nos marcar com o mesmo pensamento: "É assim que as coisas são feitas aqui". E assim desistimos de tentar fazer algo diferente, mesmo que vejamos um caminho melhor. Igualmente ruim é a possibilidade de nos contentarmos em sermos tratados de maneira dolorosa ou prejudicial. Nós permitimos que outros abusem de nós, não por humildade, mas por desespero de que qualquer coisa possa ser diferente. Vemos o destino – ou maus-tratos habituais – como um poder anônimo que nos mantêm aprisionados.

Isso afeta nossa resposta a questões globais como pobreza, guerra e opressão. "Esse problema social é complexo demais para eu me envolver", dizem as pessoas. "Como eu poderia fazer alguma diferença?" E muitas pessoas aprisionadas na pobreza ou em outros problemas sociais dificilmente acreditam que as coisas podem melhorar. Pode ser que elas desistam de tentar sair de sua prisão socioeconômica. Elas perdem o sonho por um modo de vida mais justo.

Todas essas e muitas outras formas de fatalismo revelam nosso desespero oculto. Sugerem que o destino é um poder anônimo que nos mantém presos. Os efeitos colaterais nos atormentam: o fatalismo pode nos tornar dependentes de rotinas, de ações que sentiríamos urgência de mudar se as examinássemos de perto. Podemos nos contentar em encontrar satisfação em lugares disfuncionais e dolorosos, apegando-nos às queixas, sintomas e vícios.

Um dos aspectos mais insidiosos do fatalismo tem a ver com nossa resistência à cura. Nós nos tornamos reféns de um desencorajamento que nos diz insistentemente que nada mais pode ser feito. O fatalismo reforça nossa tenaz fixação ao velho. Tornamo-nos teimosamente indispostos a considerar qualquer coisa além de nossa experiência limitada. O fatalismo pode levar à depressão, ao desespero e até ao suicídio.

A história no Evangelho de João sobre o homem doente na piscina de Betesda mostra essa resistência; Jesus pergunta ao homem: "Você quer ficar bem de novo?" O pobre homem diz que tentou entrar nas águas curativas, mas sempre acaba chegando tarde demais. Sua queixa se torna uma explicação de sua condição e evidência de seu abatimento. Pois, junto com desejo de cura, agora existe uma sensação de inutilidade que o faz resistir a Jesus. Seus esforços frustrados o desencorajaram tanto, que parece que ele quase desistiu de esperar e desejar. Por que outro motivo Jesus lhe perguntaria: "Você quer ficar bem de novo?" (cf. Jo 5,1-9).

A fé contra o fatalismo

Dizer sobre determinada situação: "Não está em minhas mãos" pode representar uma observação fatalista ou uma marca de fé. Afinal, a fé pode parecer um ponto importante na resignação; também nos pede para dizer: "Entrego-me em mãos que estão além das minhas". Mas a fé parece muito diferente do fatalismo, é seu extremo oposto. Em vez de manifestar uma resignação passiva, a fé nos leva a uma disposição plena de esperança. Uma pessoa de fé está disposta a deixar que coisas novas aconteçam e assumir responsabilidades que surgem de possibilidades inéditas. A confiança em Deus nos permite viver com uma expectativa ativa, não com pessimismo. Quando vemos a vida como um presente, como algo que nos é dado por um Deus amoroso, não como uma luta contra um destino impessoal, lembramos que no coração da realidade está o amor de Deus. Isso significa que a fé cria em nós uma nova disposição para permitir que a vontade de Deus seja feita.

A palavra tão frequentemente traduzida como fé no Novo Testamento vem de uma antiga palavra que significa literalmente "confiança". A fé é a profunda confiança de que Deus é bom e que sua bondade, de alguma maneira, triunfa. A fé é a confiança íntima e pessoal com a qual você diz: "Eu me entrego em suas mãos fortes e amorosas". Não é difícil ver como a esperança genuína é diferente do otimismo. Não estamos falando de uma disposição ensolarada que nos faz acreditar que as coisas serão melhores amanhã. Um otimista diz: "A guerra terminará; as feridas serão curadas; a depressão vai desaparecer; tudo ficará melhor em breve". O otimista pode estar certo; mas, infelizmente, ele também pode estar errado. Nenhum de nós é capaz de controlar as circunstâncias.

Não, a esperança não deriva mais de previsões positivas sobre a situação do mundo do que a fé. Nem a esperança depende dos altos e baixos dos detalhes da nossa vida. A esperança, em vez disso, tem a ver com Deus. Temos esperança e alegria em nossa fé porque acreditamos que, embora o mundo em que vivemos esteja envolto em trevas, Deus triunfa. "No mundo", disse Jesus, "você enfrenta perseguição. Mas tenha coragem; Eu conquistei o mundo!" (Jo 16,33). Nós seguimos alguém que não é limitado ou derrotado pelos sofrimentos do mundo.

Jesus nos perguntaria: "Você acredita? Você confia? Você acredita que Deus o ama tanto que Ele quer lhe dar apenas vida?" Quando tento responder, percebo o quanto preciso avançar. Muito em mim diz: "Eu quero ter certeza de ter certas coisas bem estabelecidas antes de dar o salto de fé". Toda vez que tento confiar, percebo quantas pequenas condições coloco para confiar. Toda vez que confio mais, vejo quão profunda é a minha resistência. E em quantos mais níveis eu sinto que a fé não penetrou! Nós não sabemos quantos níveis existem, mas nossa vida se renova toda vez que confiamos mais. Damos um salto de fé e confiança e, então, enxergamos a próxima camada de possibilidade.

Esperança não significa que vamos evitar ou seremos capazes de ignorar o sofrimento, é claro. De fato, a esperança nascida da fé torna-se amadurecida e purificada pela dificuldade. A surpresa que experienciamos na esperança, portanto, não é, inesperadamente, as coisas saírem melhor do que o esperado. Ainda que isso não aconteça, podemos viver com esperança. A base de nossa esperança tem a ver com Aquele que é mais forte do que a vida e o sofrimento. A fé nos abre para a presença de cura e sustentação de Deus. Uma pessoa em dificuldade pode confiar por acreditar que algo diferente é possível. Confiar é acolher a esperança.

Isso também significa que confiar nem sempre é exigir detalhes do que irá acontecer. Deus quer que conheçamos a vida, mas o que isso realmente significa é uma questão aberta. Deus quer que experienciemos a cura, mas como podemos saber com precisão como ela ocorrerá? Deus quer nos levar a uma nova dimensão de fé, mas como e através de que meios? Nós não temos que decidir tudo ou saber de tudo e nem mesmo vislumbrar muita coisa; se nos esforçarmos muito para descobrir tudo, perdemos o espírito de confiança. Uma pessoa de fé aprende a confiar tanto, que o resultado da confiança é colocado nas mãos daquele em quem a confiança é depositada. Deixamos que Deus elabore alguns detalhes que nos sentimos tentados a conhecer ou a controlar, mas que, em última instância, não conseguimos.

Esse tipo de atenção ao eterno em nossos dias não tensiona nossos corações. Não requer músculos. Tem mais a ver com atenção a Deus do que com perfeição, mais com o desejo de ver a Deus mesmo em meio à nossa grande fraqueza. Simone Weil escreve,

> Na maioria das vezes a atenção é confundida com um tipo de esforço muscular. Se alguém diz aos seus alunos: "Agora você deve prestar atenção", podemos vê-los contraindo as sobrancelhas, prendendo a respiração, enrijecendo os

músculos. Se, depois de dois minutos, perguntarem a eles no que estão prestando atenção, não conseguirão responder. Eles acabam se concentrando em nada. Eles não estavam prestando atenção. Eles estavam contraindo os músculos... Como [esse tipo de esforço] nos deixa cansados, temos a impressão de estarmos trabalhando. Isso é uma ilusão. O cansaço não tem nada a ver com o trabalho... A inteligência só cresce e dá frutos na alegria[4].

As implicações para a vida espiritual são imensas. Essencial para que o nosso fatalismo não cresça é o anseio por Deus. Mais importante do que qualquer plano ou conjunto de técnicas é a abertura, uma abertura para cada dia e para cada momento.

O tempo real e o tempo do relógio

A esperança que cresce a partir da confiança nos coloca em um relacionamento diferente com as horas e dias de nossa vida. Somos constantemente tentados a olhar para o tempo como uma cronologia, como *cronos*, como uma série de incidentes e acidentes desconectados. Essa é uma maneira de pensarmos que somos capazes de administrar o tempo ou dar conta de nossas tarefas. Ou uma maneira de nos sentirmos vítimas de nossas agendas porque essa abordagem também significa que o tempo se torna penoso. Dividimos nosso tempo em minutos, horas e semanas e deixamos que esses compartimentos nos dominem.

Como ainda não somos pessoas completamente convertidas, ficamos imersas no tempo do relógio. O tempo

---

4. WEIL, S. *Waiting for God*. Op. cit., p. 109-111.

se torna um meio para um fim, não momentos para desfrutarmos de Deus ou para prestarmos atenção aos outros. E acabamos acreditando que a coisa real está sempre por vir. O tempo para celebrarmos, rezarmos ou sonharmos fica espremido. Não é de admirar que fiquemos cansados e drenados! Não é de admirar que, às vezes, nos sintamos desamparados ou empobrecidos com essa nossa experiência do tempo.

Mas o Evangelho fala de tempo "pleno". O que estamos buscando já está aqui. O contemplativo Thomas Merton escreveu certa vez: "A Bíblia se interessa pela plenitude do tempo, o tempo para que um evento aconteça, o tempo para uma emoção ser sentida, o tempo para colher ou para celebrar a colheita"[5]. Começamos a ver a história não como uma coleção de eventos interrompendo aquilo que "devemos" fazer. Nós vemos o tempo à luz da fé no Deus da história. Vemos que os eventos deste ano não são apenas uma série de incidentes e acidentes, felizes ou infelizes, mas as mãos de Deus que nos moldam, que querem nos fazer crescer e amadurecer.

O tempo precisa ser convertido; portanto, de *cronos*, mero tempo cronológico, para *kairós*, uma palavra grega do Novo Testamento que está relacionada a oportunidades, a momentos que parecem maduros para o propósito pretendido. Então, mesmo enquanto a vida parece atormentada, enquanto continua a ter momentos difíceis, di-

---

5. MERTON, T. *The Literary Essays of Thomas Merton.* Ed. De Brother Patrick Hart. Nova York: New Directions, 1981, p. 500.

zemos: "Algo de bom está acontecendo em meio a tudo isso". Temos vislumbres de como Deus poderia estar desenvolvendo seus propósitos nos nossos dias. O tempo não se torna apenas algo para passar, manipular ou administrar, mas a arena do trabalho de Deus conosco. Independentemente do que aconteça – coisas boas ou ruins, agradáveis ou problemáticas –, nós olhamos e perguntamos: "O que Deus poderia estar fazendo com isso?" Nós vemos os eventos do dia como ocasiões contínuas para transformar o coração. O tempo aponta para o Outro e começa a nos falar de Deus.

No entanto, somos parte de uma cultura muito impaciente. Queremos muitas coisas e as queremos rapidamente. E sentimos que deveríamos ser capazes de remover as dores, curar as feridas, preencher os buracos e criar experiências de grande significado, já. Não é difícil descobrir o quanto somos impacientes. Temos planos e projetos que, convencidamente, queremos e nos irritamos quando algo se põe em nosso caminho.

Mas uma visão do tempo como *kairós* nos ajuda a ser pacientes em acreditar. Se formos pacientes nesse sentido, poderemos ver todos os eventos de cada dia – esperados ou inesperados – como uma promessa feita para nós. A paciência se torna em nós a atitude que diz que não temos como forçar a vida; precisamos deixá-la crescer e se desenvolver em seu próprio tempo. A paciência nos permite ver as pessoas que encontramos, os eventos do dia e a história que se desdobra em nosso tempo como parte desse lento processo de crescimento.

O outro lado da impaciência é o tédio. Quando as coisas não acontecem da maneira como planejamos, quando vemos que nada muito grandioso está acontecendo, quando não nos distraímos mais com todos os planos e projetos, simplesmente nos sentimos entediados. O tédio também cresce devido ao fatalismo, pois também reflete a desconexão de nossa experiência. Um dia se torna apenas mais um dia, um ano apenas mais um ano. Tudo já foi dito, não há nada de novo sob o sol, e a vida se parece com um pedaço de madeira flutuando na água quase imóvel.

Nem sempre é fácil resistir à impaciência e ao tédio. Jesus contou a história de dez virgens que, com lamparinas nas mãos, foram em busca de um noivo. Cinco foram tolas e negligentes – não levaram azeite suficiente (Mt 25,3). Quando o noivo finalmente chegou, as lâmpadas estavam apagadas. Da mesma maneira, quando não conseguimos fazer com que o noivo chegue rapidamente, nos acomodamos em nossas queixas. E, assim, nossas lâmpadas se apagam. Corremos o risco de perder a satisfação de nossos desejos mais profundos. Mas o desejo impaciente de fazer coisas grandiosas e o tédio aborrecido que sentimos quando as coisas não acontecem como queríamos e que, portanto, faz com que percamos o interesse, demonstram que nos esquecemos de que a vida atinge sua plenitude pela espera, muitas vezes pelo sofrimento.

Evitando a oração

Quando dava aulas de espiritualidade na Harvard Divinity School, às vezes os alunos demonstravam querer ter uma vida com mais fé e fervor. "Quero começar de novo", eles diziam. Ou: "Quero ter a intenção de crescer espiritualmente". "Sinto que estou em um ponto de virada".

Alguns também admitiam grande hesitação. "Tenho medo deste curso", uma aluna me escreveu. Ela sabia que abrir sua vida a Cristo implicaria algum desconforto – "aprender a expor o lixo, livrar-se dele e ouvir a voz de Deus nos espaços recém-criados". Outro aluno se preocupava com o esforço necessário para superar seu profundo ceticismo. "Quero ser uma pessoa espiritualizada", ele admitia, "mas resisto a isso".

Nós enfrentaremos o mal, eu disse aos meus alunos. E, embora encontremos força e cura no Espírito para superá-lo, eu não pude prometer uma experiência fácil. Ninguém pode. Somos desafiados a oferecer a Deus e uns aos outros o nosso melhor, algo que fazemos apenas com o esforço disciplinado. "Gostaria de trabalhar para abrir meu coração, ao invés de endurecê-lo", disse um dos meus alunos. E disse bem; o Evangelho aguarda novas descobertas nos espaços abertos que deixamos em nossos corações.

Como permitimos que essa abertura à presença libertadora de Deus permeie nossa oração? Quantas vezes ouvi alguém dizer (e digo para mim mesmo!): "Eu me envolvi tanto em minhas atividades, que deixei de prestar atenção à oração e ao trabalho de Deus em minha vida". Uma aluna certa vez comparou seu relacionamento com Deus a "um tipo de fogo que fornece energia para todas as preocupações externas da minha vida... Eu não quero que o fogo se espalhe". A resposta está nos recursos gêmeos de memória e expectativa.

Lendo a vida de trás para frente

Primeiramente olhamos para trás para ver como os eventos aparentemente não relacionados de nossa vida nos trouxeram até onde estamos. Da mesma forma que o povo de Israel repetidamente refletiu sobre sua história e descobriu a mão guiada por Deus nos muitos eventos dolorosos que os levaram a Jerusalém, nós também fazemos uma pausa para discernir a presença de Deus nos eventos que fizeram ou desfizeram o que hoje somos. Quando não lembramos, permitimos que memórias esquecidas se tornem forças independentes com um efeito incapacitante em nosso funcionamento, relacionamentos e orações. George Santanyana nos lembra de que aqueles que esquecem seu passado estão fadados a repeti-lo. Esquecer o passado é como fazer com que nosso professor mais íntimo se volte contra nós. Fica garantido que não conseguiremos encontrar o caminho para a confiança e para a esperança.

Classificar as memórias significa guardar as lembranças dolorosas de uma determinada maneira. Como Louis Dupré nos lembrou, uma pessoa neuroticamente obcecada com o passado não se lembra de fato do passado, mas tenta repeti-lo; revivendo eventos dolorosos, ela tenta alcançar um final diferente daquele que não consegue aceitar. Mas a memória nunca copia o passado – ela traz o passado para um presente potencialmente curativo. Dá nova vida a uma realidade passada e a substitui por um novo contexto.

A memória também nos lembra da fidelidade de Deus nos lugares difíceis e nos momentos de alegria. Isso nos permite ver como Deus fez brotar o bem até mesmo das situações impossíveis. Relembrar dessa maneira nos permite viver no presente. Não significa viver em outro tempo, mas viver no presente, com toda a nossa história, com a consciência das possibilidades que, não fosse assim, não conseguiríamos nem mesmo pensar em procurar.

A memória, portanto, tem muito a fazer com o futuro. Sem memória não há muito pelo que se esperar. Aqueles que têm pouca memória têm pouco a esperar. A memória nos ancora no passado e, depois, nos faz presentes aqui e agora, nos abrindo para um novo futuro.

Olhando adiante

Quando a esperança se instalar, experienciaremos os minutos, horas e dias de nossa vida de forma diferente. Em uma carta para Jim Forest, que na época dirigia a Fellowship of Reconciliation, Thomas Merton escreveu: "A verdadeira esperança nao está em algo que achamos que podemos fazer, mas em Deus, que está extraindo o que é bom de alguma maneira que não somos capazes de ver".

A esperança não depende da paz na terra, da justiça no mundo e do sucesso nos negócios. A esperança está disposta a deixar as perguntas que não têm resposta, sem resposta e os futuros desconhecidos, desconhecidos. A esperança faz com que você veja a mão orientadora de Deus não apenas nos momentos suaves e agradáveis, mas também nas sombras da decepção e da escuridão.

Ninguém pode dizer com certeza onde estará daqui a dez ou vinte anos. Você não sabe se estará livre ou em um cativeiro, se será honrado ou desprezado, se terá muitos ou poucos amigos, se será amado ou rejeitado. Mas, mantendo esses sonhos e medos com leveza, poderá estar aberto para receber todos os dias como um novo dia e viver sua vida como uma expressão única do amor de Deus pela humanidade.

Há uma antiga expressão que diz: "Enquanto houver vida, há esperança". Como cristãos, também dizemos: "Enquanto houver esperança, há vida". Será que podemos ter esperança para mudar nossa vida? Eliminar a tristeza e o fatalismo? Há uma história que me ajuda a responder a essas perguntas.

Um soldado foi capturado como prisioneiro de guerra. Seus captores o transportaram de trem para bem longe de sua terra natal. Ele se sentia isolado, longe de casa, sem família, afastado de tudo que conhecia. Sua solidão crescia enquanto continuava sem notícias de casa. Ele não sabia se sua família estava viva e nem como seu país estava se saindo. Ele havia perdido todos os motivos para continuar vivendo.

Mas inesperadamente ele recebeu uma carta. Estava manchada, rasgada nas bordas devido aos meses de viagem. Dizia: "Estamos esperando você voltar para casa. Tudo está bem por aqui. Não se preocupe". Tudo instantaneamente ficou diferente. Nenhuma circunstância mudou. Ele tinha o mesmo trabalho difícil e as mesmas rações escassas. Mas agora ele sabia que alguém esperava pela sua libertação e pelo seu regresso a casa. A esperança mudou sua vida.

Deus nos escreveu uma carta. As boas-novas da revelação de Deus em Cristo nos declaram precisamente pelo que precisamos esperar. Às vezes, as palavras da Bíblia não parecem importantes para nós, ou não nos atraem. Mas, nessas palavras, ouvimos Cristo dizendo: "Estou esperando por você. Estou preparando uma casa para você, e há muitos quartos em minha casa". O Apóstolo Paulo nos diz: "Transforma-te pela renovação de tua mente" (Rm 12,2). Nós ouvimos uma promessa e um convite para uma vida com a qual não poderíamos nem sonhar, se pudéssemos contar apenas com nossos próprios recursos.

Aí está a esperança que nos dá novo poder para viver, nova força. Encontramos um caminho, na tristeza, na doença e até na morte, para nunca esquecermos de como ter esperança.

Nós captamos vislumbres dessa maneira de viver, mesmo tendo que admitir o quão vagamente a vemos e imperfeitamente a vivemos. "Mantenho minha convicção de que posso confiar em Deus", preciso dizer a mim mesmo às vezes, "porque ainda não posso dizer isso plenamente". Ouso dizer isso, mesmo quando tudo não está perfeito, quando sei que outros vão criticar minhas ações, quando temo que minhas limitações desapontem muitos e a mim mesmo. Mas, ainda assim, confio que a verdade brilhará, mesmo quando não conseguir compreendê-la completamente. Ainda acredito que Deus realizará aquilo que eu não for capaz, na própria graça de Deus e poder insondável.

O paradoxo da expectativa é que aqueles que acreditam no amanhã podem viver melhor hoje; aqueles que esperam que a alegria surja a partir da tristeza podem descobrir o começo de uma nova vida em meio ao velho; aqueles que anseiam pelo retorno do Senhor podem descobrir sua presença agora. Assim como o amor de uma mãe por seu filho pode aumentar enquanto aguarda seu retorno, assim como os amantes podem se redescobrir após longos períodos de ausência, nosso relacionamento íntimo com Deus também pode se tornar mais profundo e maduro enquanto esperamos pacientemente pelo seu retorno.

Esperar por isso, ou até mesmo acreditar na possibilidade, é dizer não a toda forma de fatalismo. É dizer um não a todos as maneiras com que dizemos a nós mesmos: "Eu me conheço – não posso esperar que algo mude". Esse não ao desencorajamento e ao desespero vem no contexto de um sim à vida, um sim que dizemos em tempos frágeis vividos em um mundo de impaciência e violência. Assim, mesmo enquanto lamentamos, não nos esquecemos de como nossa vida pode finalmente se juntar à dança maior da vida e da esperança em Deus.

4

Da manipulação ao amor

Se alguém lhe perguntasse se você é compassivo, pode ser que prontamente respondesse que sim. Ou, pelo menos, "Acredito que sim". Mas, se fizer uma pausa e examinar a palavra compaixão, a resposta ficará mais complicada. A raiz dessa palavra significa literalmente "sofrer com"; demonstrar compaixão significa compartilhar da "paixão" do outro. A compaixão assim compreendida pede mais de nós do que mera piedade ou uma palavra compreensiva.

Viver com compaixão significa penetrar os momentos sombrios dos outros. É caminhar em lugares de dor, não recuar ou desviar o olhar quando o outro sofre. Significa ficar onde as pessoas sofrem. A compaixão nos faz resistir a explicações rápidas e impacientes quando a tragédia atinge alguém que conhecemos ou amamos.

De certa forma você pode pensar que nos abrirmos à dor do outro só intensificaria a nossa própria dor. Quantas pessoas correm para onde outras pessoas estão sofrendo? Quem facilmente ouve alguém chorar, gritar ou revelar uma tristeza silenciosa? Quando somos confrontados com a pobreza, com as dificuldades ou com o pranto, dizemos a nós mesmos: "Vamos para algum lugar onde as coisas sejam um pouco mais confortáveis". Essa é a nossa lógica natural.

Mesmo quando resistimos à tentação de correr e pensamos estar ouvindo com simpatia, ainda assim podemos tentar fugir ou evitar a dor de alguém. Imagine que alguém venha até você e diga: "Quero falar com você sobre minha decepção. Fico tentando imaginar se vou conseguir continuar assim por muito mais tempo". Algo em nós imediatamente quer confortar e consolar. "Não é tão ruim quanto você pensa", poderíamos ser tentados a dizer. "Veja o lado bom; há coisas boas nessa situação".

Lembro-me de uma vez que, como padre, visitei uma mulher que havia sofrido uma perda devastadora, quando um furacão e uma inundação, em um instante, destruíram seu bairro. Eu a encontrei sozinha, olhando desesperadamente para o dano causado a sua casa. Ela se sentou dizendo para si mesma: "Eu sou inútil. Tornei-me algo sem sentido. Desde que meu marido morreu, sou apenas um fardo para mim mesma, para meus filhos, para meus vizinhos. Ninguém mais precisa de mim. Só me resta uma coisa a fazer: morrer". Embora eu a conhecesse, sempre muito falante e extrovertida, agora ela mal me reconhecia.

"Você não tem motivos para ficar deprimida", eu disse. "Olha – você tem filhos que a amam e adoram visitá-la. Você tem netos encantadores que são felizes por terem uma avó que dispõe de tempo para passar com eles. Seu filho já tem planos de arrumar sua casa. Além disso, poucas pessoas neste bairro se saíram tão bem quanto você nessa tempestade".

Eu não a ajudei com essas palavras. Eu a deixei mais deprimida, mais assombrada pela culpa, mais consciente da pressão para enfrentar seu mundo com um rosto sorridente. Minhas palavras soaram mais como uma acusação do que como um consolo. Na verdade, o que eu disse foi: "Afinal de contas, os meus argumentos para você se sentir bem são melhores do que os seus argumentos para me sentir mal". Eu não havia aceitado os sentimentos dela; eu lutei instantaneamente com ela em uma competição sutil de argumentos. Quando fui embora, deixei uma mulher mais triste do que quando a encontrei, mais oprimida porque nem sequer se sentiu ouvida. Não lhe dei permissão para me sentir triste em um momento triste.

Em tantos encontros tentamos desviar o olhar da dor. Tentamos ajudar nossos amigos a processar o luto rapidamente. Procuramos apressadamente formas de trazer alegria para uma criança ou para uma tia doente. Todo o tempo, no entanto, agimos pouco a partir do genuíno "sofrer com", e mais a partir da nossa necessidade de nos afastarmos do desconforto que tememos sentir. Nós, secretamente, queremos ir embora do lugar onde há dor. Nossas fugas não ajudam os outros, é claro; ao contrário, fazem com que eles armem defesas e se afastem dos cuidados dos outros.

Uma das razões pelas quais reagimos à dor dos outros surge quando tentamos nos desviar de nossa própria dor. Resistimos a nos aproximar do sofrimento de outro em parte por não estarmos dispostos a sofrer. As dificuldades dos outros nos mostram o que também pode nos ferir. Esses lembretes nos perturbam. Mas nossa hesitação em olhar diretamente para o sofrimento do outro, de nos sentarmos e ficarmos com alguém que sente dor, traz para as conversas uma obrigação de que o outro "aja como se estivesse feliz". Ainda pior, nossa persistência em negar nossas perdas leva a um desejo crescente de controlar as vidas de outras pessoas. Em seu perspicaz estudo, *The Betrayal of the Self*, o psicanalista Arno Gruen mostra convincentemente como "a verdadeira fonte de nossa crueldade e insensibilidade está na rejeição de nosso sofrimento"[6].

Podemos ter a ilusão de que somos donos das pessoas, que podemos usá-las e que temos o direito de administrar seus sentimentos. Ao oferecermos conselhos prematuros sobre como lidar com a dor, apressando-nos para tranquilizá-las, cutucando-as com conselhos, dizemos muito sobre nossa própria necessidade de um desfecho fácil. Quando nos intrometemos para consolá-las, transformamos almas feridas em objetos ou em projetos.

Ainda que, de todas as maneiras, essa abordagem pareça nos isolar das feridas e das necessidades dos outros, acaba não nos ajudando em nada. Ela nos prende em

---

6. GRUEN, A. *The Betrayal of the Self.* Nova York: Grove, 1988, p. 281 [traduzido para o português como *A traição do eu*].

nossa própria insistência em obter conforto. De fato, uma abordagem possessiva dos relacionamentos cria muitos dos nossos desapontamentos; as pessoas raramente respondem bem aos nossos esforços para administrar suas vidas ou orquestrar sua resposta ao sofrimento. Encontramos relações que se envergam ou até mesmo quebram sob o peso das expectativas que colocamos sobre elas graças ao nosso desconforto com o sofrimento. Acabamos ainda mais sozinhos e emparedados dentro de nossas decepções ou de nossa tristeza.

Por que o outro nos desaponta

Essa tensão colocada nos relacionamentos – na verdade, esforços de todos os tipos – parece proliferar em um tempo como o nosso, quando as pessoas demonstram estar especialmente interessadas em amizade, companheirismo e comunidade. Nesse mesmo tempo em que livros e artigos de revistas oferecem soluções para nossas dificuldades de relacionamento, famílias mais do que nunca se fragmentam e se dispersam. Menos famílias recém-formadas crescem cercadas pelo apoio do círculo mais amplo da família. Vivemos em meio a uma grande desorganização e a uma angustiada solidão.

E, apesar de todos os *insights* da psicologia popular, de todos os programas sobre relacionamentos, de todos os seminários e conferências sobre relacionamentos saudáveis, ainda não somos felizes. E devido à ênfase que nossa cultura dá à psicologia e aos relacionamentos interpessoais, importamos uma mentalidade de consumo para a nossa intimidade. Esperamos mais de nossos amigos e parceiros do que eles podem (ou querem) nos dar. Uma boa parte de nosso sofrimento vem de nossa solidão, uma solidão intensificada pelas nossas grandes carências.

O psiquiatra Thomas Hora compara a ênfase da nossa cultura no interpessoal com os dedos entrelaçados das duas mãos. Os dedos podem se entrelaçar apenas até o ponto de impasse. Dessa forma, o único movimento possível é para trás, causando atrito e até dor entre os dedos firmemente entrelaçados.

A fé cristã sugere outra imagem: duas mãos unidas, paralelas, em um gesto de oração, apontando para além de si mesmas e movendo-se livremente uma em relação à outra. Essa é a única maneira de um relacionamento ser verdadeiramente duradouro porque só assim se experimenta o amor mútuo, amor que participa do amor maior e anterior ao que ele mesmo aponta. Dessa forma, tornamo-nos pessoas umas para as outras, no sentido literal das raízes da palavra: "soar através" (em *persona*, *per* significa "através" e *sonare* sugere a ideia de som). Então, nós "soamos" através de um amor maior do que nós e que podemos transmitir, mas não agarrar. Nós nos tornamos pessoas que revelam um ao outro o amor divino que nos abraça e nos mantém unidos e, ao mesmo tempo, oferece um espaço amplo para nos movermos livremente.

Nos relacionamentos mais significativos de nossa vida, Deus não é algo secundário. Nós nos descobrimos uns aos outros como lembretes vivos da presença de Deus. A amizade, o casamento e os relacionamentos entre os membros da comunidade da Igreja transformam-se em maneiras de revelar um ao outro o amor original e completo de Deus, do qual participamos e do qual nos tornamos revelações humanas.

Nosso anseio pela aceitação

Tropeçamos nisso de três maneiras significativas. Primeiro, temos dificuldade por causa de nossa intensa necessidade de sermos legitimados, uma necessidade enraizada no desejo de sermos apreciados e aceitos pelas pessoas importantes (ou nem tão importantes) em nossa vida. Muitas das coisas que pensamos fazer pelos outros são, de fato, expressões de nossa motivação para descobrir nossa identidade nos elogios dos outros. Nossas necessidades nos impedem de agir e amar livremente. Thomas Merton escreveu: "Aquele que tenta agir e fazer coisas pelos outros ou pelo mundo sem aprofundar sua autocompreensão, liberdade, integridade e capacidade de amar, não terá nada para dar aos outros. Ele comunicará a eles nada além do contágio de suas próprias obsessões, sua agressividade, suas ambições centradas no ego... seus preconceitos e ideias doutrinárias"[7].

Aqui está o cerne da crítica de Merton ao nosso ativismo, a segunda maneira pela qual tentamos administrar os

---

7. MERTON, T. *Contemplation in a World of Action*. Nova York: Doubleday, 1973, p. 178-179.

outros ou amar com condições. Acabamos fazendo coisas para os outros em nome do fazer, para o bem de nós mesmos. Esse tipo de ativismo reúne distintivos de mérito. É motivado pela culpa, pelo sentimento de estar em dívida, pelo sentimento de ter que merecer justiça ou favorecimento – de Deus ou de outros. Em última análise, o ativismo coloca nossos anseios não atendidos no centro de nossos esforços. E, assim, não ajuda os outros de maneira saudável.

E, dessa maneira, forma um círculo trágico. Quanto mais tentamos nos explicar, mais colidimos com nossa incapacidade de fazê-lo. Quanto mais responsabilidades assumimos, mais sobrecarregamos os outros com nossas necessidades não satisfeitas. É de admirar que nossas palavras não ajudem e nossa presença não cure? Merton escreveu a seu amigo James Forest: "Todo o bem que você fará não virá de você, mas sim do fato de você ter se permitido, na obediência da fé, ser usado pelo amor de Deus. Pense mais sobre isso e, gradualmente, estará livre da necessidade de provar seus méritos e poderá ficar mais aberto ao poder que trabalhará através de você sem que saiba".

Isso acontece apenas com a convicção de que Deus permanece ativo no mundo. Deus age – sempre, em todos os momentos – em nossa comunidade e em nosso mundo. O ativismo vem de uma incredulidade que insiste em dizer que Deus não age ou não pode se mover e agir; deseja substituir a suposta lentidão ou inércia de Deus pela nossa atividade. Mas devemos ter em mente que o que fazemos para ajudar, servir e ministrar não é criado na ausência de Deus, mas responde ao que Deus já está criando.

A oração, que nos coloca regularmente em contato com esse Deus, faz com que os outros se tornem algo mais do que personagens a serem criticados, julgados e mal julgados. Torna-os mais do que objetos de piedade ou "projetos" que precisam de nossos maravilhosos dons. Em vez disso, ajuda-nos a vê-los como pessoas a serem recebidas – amadas com um amor implantado em nós e que já está operando no mundo.

Isso também nos ajuda com o terceiro obstáculo para amar verdadeiramente aos outros: a competitividade. E como somos competitivos! Queremos deixar nossa marca na vida; queremos ser diferentes, especiais. Em níveis muito sutis competimos sem querer, muitas vezes sem perceber. Nós nos comparamos com os outros e nos preocupamos com o que os outros pensam de nós, mesmo quando estamos servindo a eles. Nós nos perguntamos se servimos melhor do que outra pessoa. Importamos o impulso de conquistar para dentro das nossas obras de misericórdia.

Fazemos tanto isso que, às vezes, até formamos nossas identidades na comparação com os outros; certamente nunca admitimos completamente a possibilidade de abandonarmos nosso senso de diferença, de entrar onde os outros são fracos, de compartilhar com a dor de outra pessoa. Temos muito de nós mesmos e muitas ambições a defender para permitir isso facilmente.

A compaixão é possível?

Descobrimos, então, que apesar de todas as nossas boas intenções, a compaixão não constitui a verdadeira base de nossa vida. A compaixão não nos vem como resposta espontânea, mas vai contra a corrente. Podemos nos perguntar se isso é mesmo humanamente possível!

Essa visão tem uma consequência saudável. A compaixão, em seu sentido mais pleno, pode ser atribuída somente a Deus. A mensagem central do Evangelho é a de que Deus, que de modo algum está competindo conosco, é aquele que pode ser verdadeiramente compassivo. É devido ao fato de Jesus não depender das pessoas, mas somente de Deus-Pai, que Ele podia estar tão próximo das pessoas; tão preocupado, tão confrontador, tão curador, tão carinhoso. Ele se relacionava com as pessoas pelo bem delas mesmas, não para benefício próprio. Colocando em termos mais psicológicos, Ele prestava atenção sem intenção. Sua pergunta não era: "Como posso ter minhas necessidades satisfeitas?", mas sim: "Como posso atender à sua real necessidade?" Isso só é possível quando há uma satisfação mais profunda, uma intimidade mais profunda com a dimensão de onde a atenção pode ser dada. Seu amor pelos outros pode ser incondicional, livre da condição de que suas necessidades sejam satisfeitas quando você tem a experiência de ser amado.

Pense nas pessoas que mais o influenciaram. Quando me lembro delas fico sempre surpreso ao descobrir que eram pessoas que não tentavam me influenciar, que não precisavam da minha resposta. Em vez disso, irradiavam certa liberdade interna. Elas me faziam perceber que estavam em contato com algo maior do que elas mesmas. Apontavam para uma realidade maior de onde e em quem sua liberdade floresceu. Esse centramento, essa liberdade interna, essa independência espiritual eram misteriosamente contagiantes.

O verdadeiro sacerdócio começa a acontecer quando colocamos os outros em contato com mais do que nós mesmos somos – o centro do ser, a realidade do invisível –, o Pai que é a fonte da vida e da cura.

Agentes gêmeos do bem

Com isso em mente, como avançamos para esse lugar de amor profundo e transformador? Como a experiência mais plena das alegrias e dores de outras pessoas nos puxa para fora da masmorra do eu e nos traz mais alegria? Como pode curar as fraturas dos nossos relacionamentos? Como a compaixão de Deus pode se tornar nossa? Só podemos amar porque primeiramente fomos amados. Em oração, Jesus encontra um lugar solitário onde esse primeiro amor é perfeitamente compreendido. Só conseguimos servir as pessoas quando não fazemos com que nosso senso de eu mais completo dependa de suas respostas.

Essa abordagem pode se enraizar em nós se adotarmos duas disciplinas. Começamos compreendendo que a solidão não significa retirar-se em silêncio, a partir de sentimentos antissociais. Solidão significa que, algumas vezes, ficar só não é um triste fato que precisa de cura; em vez disso, oferece um lugar onde Deus nos traz a comunhão. De fato, a solidão tem raízes e conotações ricas, significativamente diferentes de outras duas palavras frequentemente associadas a ela: solitude geralmente significa estar só de um modo neutro. Sentir-se solitário sugere mais a dor da desolação ou a ausência de outra pessoa. Mas a solidão carrega um tom de alegria e de possibilidades. A solidão, para o cristão, significa não apenas vagar pelas florestas, desertos ou montanhas para um recolhimento privado. Significa ousar permanecer na presença de Deus. Não reservar um tempo simplesmente para ficar sozinho, mas sozinho na companhia de Deus.

O que você faz quando está sozinho com Deus? Muitos de nós pensamos, falamos ou fazemos perguntas. Mas, quando estamos sozinhos com Deus, é vital também ouvir! A solidão é o lugar onde você pode ouvir a voz que o chama de amado, que o leva para a próxima página da aventura, que diz, como Deus disse a Jesus no início dos Evangelhos: "Este é meu Filho, o Amado, com quem me comprazo" (Mt 3,17).

Essa palavra "amado" pode ressoar de maneira vital em nossa vida! Você consegue ouvir? Todos ouvem vozes que parecem falar por Deus: "Prove que é bom. Faça algo que o torne importante e então aparecerei com o meu amor". Ou ouvimos: "Faça algo relevante, certifique-se de que as pessoas falem bem de você. Certifique-se de juntar dinheiro, propriedades e de ser influente, então eu o amarei". Em nossa insegurança nós nos esforçamos muito para responder a tais vozes. E, assim, ficamos ocupados provando aos outros que merecemos alguma atenção, que somos pessoas boas que merecem elogios, que merecemos carinho ou atenção.

Nós nos esforçamos para exercer influência ou deixar nossa marca. Muitas vezes chamamos isso de "vocação", mas Jesus a chama de "tentação". Ele não tem paciência com quem insiste em sair correndo do templo para demonstrar seu poder ou transformar pedras em pão para provar suas credenciais sacerdotais. Ele ouviu Deus-Pai falar que era amado como Filho de Deus. Isso constitui a base do que faz e sabe que é chamado a fazer. Ele não se distrairá fazendo meramente o bem de maneira superficial. Ele carrega consigo a própria presença de Deus.

É difícil, para nós, ouvirmos a voz que proclama que somos amados em Cristo, não por nossa reputação ou por ações impressionantes, mas porque Deus nos amou com um amor eterno. "Eu não ouço nada", dizem alguns. Somos inclinados demais, condicionados demais a ouvir todas as outras vozes que insistem em "sucesso" ou "resultados". Ouço apenas as vozes que me estimulam a ir até ali ou fazer isso ou a cumprir essa ordem, às vezes pensamos. Mas também ansiamos por aquela outra voz.

Não quero sugerir com isso que você ou eu não devamos ver os frutos do nosso sacerdócio, de não ter propriedades, ou não desfrutar do que temos. Não estou dizendo que não devemos desejar receber afeto e amor dos outros.

Estou dizendo, no entanto, que nossa identidade pode se fundamentar somente na Palavra de Deus para nós, de que somos amados, e não nas promessas inconstantes do mundo. Em Cristo, vivemos como amados por Deus antes de nascermos e depois de termos morrido; todas as circunstâncias intermediárias não negam esse fato.

Jean Vanier, fundador das comunidades L'Arche, uma rede de comunidades como Daybreak, passou quase quatorze anos sozinho, orando, lendo e buscando a orientação de Deus. Ele nunca planejou uma grande organização, mas, em algum ponto, a partir de seu encontro com Deus, decidiu convidar duas pessoas deficientes para viver com ele e formar uma comunidade de fé, serviço e adoração. Ele não disse: "Preciso ajudar o maior número possível de pessoas". Ele não declarou: "Vamos fazer algo para ajudar todas as pessoas mentalmente deficientes do mundo". Em vez disso, ouviu uma voz que simplesmente dizia: "Encontre essas duas pessoas pobres e comece a viver com elas".

Vanier foi a uma instituição e encontrou dois homens que sofriam de Síndrome de Down, pobres, sem pai, mãe ou outro familiar, sem amigos e que ninguém visitava. Ele alugou uma pequena casa e disse: "Vamos criar uma atmosfera familiar aqui". Eles a chamaram de "A Arca", como a arca de Noé na Bíblia (L'Arche, no francês nativo de Jean). E, a partir desse simples começo, nascido da escuta solitária, cresceu uma rede de comunidades que agora conta com três mil membros, os deficientes e seus assistentes, em pequenas casas em todo o mundo.

Falar de solidão tem imensa aplicação em como vivemos com nossas feridas e com os outros como pessoas feridas. Passamos muito tempo tentando descobrir quem nos feriu e onde estão nossas cicatrizes. Nós nos ferimos ao longo do caminho pelas próprias pessoas que nos amam – nossos pais, nossos filhos, nossos colegas, nossos amigos e cônjuges. Já que ninguém pode satisfazer nossas necessidades mais profundas de amor, devemos aprender, em nossa solidão, a perdoar.

Sempre achamos que isso é um desafio. Antes de ir tomar o café da manhã, tenho vinte pensamentos sobre pessoas que deveriam, penso eu, ser um pouco diferentes daquilo que são: se elas ao menos se desenvolvessem, ou se não chegassem sempre tarde, se não agissem de maneira tão indelicada... Precisamos constantemente aprender a oferecer compaixão em tais situações porque temos um coração que deseja coisas que são completas e vivemos – sempre – em situações que podem parecer incompletas. Nós caminhamos com (ou trombamos com) pessoas que sempre vivem e amam imperfeitamente.

Ainda assim, em meio a pessoas que nos amaram bem ou não tão bem, o amor de Deus chega até nós. Se conseguirmos ultrapassar as interrupções de vidas barulhentas, perceberemos que ele veio antes que alguém nos tocasse ou nos prejudicasse. Esse amor sempre existirá, mesmo depois de morrermos. A solidão, onde nos ausentamos da miríade de vozes que nos dizem o contrário, ajuda-nos a ouvir novamente aquela voz de amor.

Se você acredita que é amado, é capaz de oferecer perdão, mesmo quando esse perdão não pode ser recebido. Ainda assim você diz: "Eu o liberto e estou disposto a perdoá-lo, mesmo enquanto você não pode me perdoar, porque eu reivindico o direito de ser amado". E você pode seguir em frente, dizendo: "Eu posso pedir seu perdão, mesmo que você não possa me perdoar ainda, e talvez nunca".

A solidão não se apresenta facilmente para nós, é claro. Muitas coisas conspiram contra ela – telefones tocando e conexões de alta tecnologia nunca nos deixam longe da demanda de alguém por nosso tempo e atenção. Você já tentou simplesmente sentar em uma cadeira por uma hora – sem televisão, jornal, rádio, telefone ou bate-papo? Mesmo que você consiga se isolar em meio a um alívio silencioso de uma sociedade barulhenta, as vozes internas podem se elevar para distraí-lo ruidosamente.

Por que mais falaríamos da solidão como disciplina? Ela nos pede um pouco de atenção. Especialmente porque, em nossa solidão, raramente parecemos ignorar completamente a rejeição ou a inutilidade. Queremos confirmar aos nossos "eus" inseguros que estamos verdadeiramente ali. Estar sozinho com Deus em silêncio nos pede para não atendermos a essas influências incessantes. Tomamos a decisão de esperar no silêncio do tempo com Deus pela comunhão e por um *insight* mais profundo do que seríamos capazes de fabricar.

À solidão, acrescentamos a disciplina gêmea do silêncio. Nós participamos da vida do Espírito através de tudo que ouvimos e dizemos – e do que decidimos não ouvir e não dizer. A nossa escuta em silêncio pode manifestar o Espírito dentro e entre nós, tão seguramente quanto nossas palavras de salvação e nossos atos de cura.

Claro, o silêncio pode ser assustador. Muitas pessoas são silenciadas e intimidadas por medo. O silêncio pode ser paralisante, opressivo. Nada de novo pode nascer desse silêncio. E palavras que não nascem da escuta silenciosa podem afligir e ferir. Muitas pessoas são "verbosas" e usam a fala para oprimir e manipular. A fala se torna oportunista. Essas palavras não curam nem ajudam na comunhão. Elas não promovem o rico silêncio da comunhão, mas entulham nossa vida com barulho.

A libertação, nesse contexto, significa restaurar a íntima relação entre o silêncio e a palavra, para que ambos possam dar frutos. Encontramos os momentos apropriados para falar, para estender nossas mãos, para inspirar com nossas palavras. Mas, seguramente, também aprendemos quando nosso silêncio ajuda mais profundamente. Isso acontece quando Deus envia seu Espírito. Afinal, experienciamos Deus através do silêncio e das palavras. Jesus, aprendemos dos Evangelhos, "foi para um lugar deserto e ali orou" (Mc 1,35). E, ainda assim, pronunciou as palavras dadas a Ele (Jo 14,10). Ambos encontraram um lugar, mas, em silêncio, Ele aprendeu a palavra apropriada.

Quando a solidão encontra a solidão

E aqui nós encontramos pistas sobre o que significa viver em uma comunidade como uma pessoa de fé e compaixão, alguém que pode genuinamente ajudar a curar as feridas e trazer amor ao sofrimento dos outros. A comunidade é mais do que pessoas que vivem juntas – é também solidão saudando solidão. Encontros de cura e comunhão profundas acontecem com pessoas que sentiram ao menos o gosto do amor ao oferecerem amor a outro, sem manipulação e sem jogos sutis.

Isolamento saudando isolamento, carência chocando com carência, é claro, parece diferente. Esses encontros envolvem as pessoas em situações complexas e difíceis. Não admira que tenhamos problemas em nos relacionarmos com outros seres humanos! Não tenho tanta certeza, mas quando vou cuidar de outra pessoa, uma parte profunda de mim quer dizer: "Por favor, me ame. Sem você eu não posso viver". E, antes que eu perceba, começo não a amar, mas a me agarrar à intensidade da carência.

Nós nos tornamos violentos precisamente porque esperamos mais uns dos outros do que podemos dar. Quando procuramos soluções divinas nos outros, transformamos outros em deuses e nós mesmos em demônios. Nossas mãos não mais acariciam, mas agarram. Nossos lábios não mais beijam ou dizem palavras gentis, mas mordem. Nossos olhos já não parecem esperançosos, mas desconfiados. Nossos ouvidos não mais escutam, mas ouvem sem querer. Toda vez que pensamos que outra pessoa ou grupo de pessoas finalmente virá e levará embora o nosso medo e a nossa ansiedade, nos sentiremos tão frustrados e, em vez de nos tornarmos gentis, nos tornaremos violentos.

A comunidade, então, não pode nascer do sentimento de abandono, mas de quando um ser adorável saúda outro ser adorável. O Deus vivo em mim cumprimenta o Deus que reside em você. Quando as pessoas podem deixar de ser tudo para nós, podemos aceitar o fato de que elas ainda podem ter um presente para nós. São reflexos parciais do grande amor de Deus, mas, ainda assim, reflexos. Vemos esse presente quando e apenas quando desistimos de exigir que essa pessoa seja tudo, seja Deus. Nós a vemos como uma expressão limitada de um amor ilimitado.

Viver e servir aos outros nos leva a um lugar onde nos encontramos e nos lembramos, pela nossa interdependência mútua, de que não somos Deus, que não conseguimos satisfazer completamente nossas próprias necessidades e que não conseguimos satisfazer completamente as necessidades uns dos outros. Há algo maravilhosamente humilhante e libertador nisso, porque encontramos um lugar onde as pessoas oferecem a graça umas às outras. Não sermos Deus não significa que não possamos mediar (ainda que de um modo limitado) o amor ilimitado de Deus. A comunidade é o lugar de alegria e celebração onde estamos dispostos a dizer: "Sim, começamos a superar as dificuldades em Cristo".

Assim é a vitória da Cruz. O amor é mais forte do que a morte, e a comunidade é o lugar no qual continuamos a contar para o mundo que há algo pelo que nos alegrar nessa nova vida juntos, algo para nos levar ao êxtase – isto é, sair do lugar estático da morte e declarar que os seres humanos não precisam ter medo. A gratidão surge de um *insight*, de um reconhecimento de que algo de bom veio de outra pessoa, que é dado livremente a mim e pretendia ser um favor. E, no momento em que esse reconhecimento me ocorre, a gratidão surge espontaneamente em meu coração. Eu não preciso mais ficar sempre gerenciando e angariando apoio para minha "causa".

Além da manipulação

Viver com os outros também pode nos arrancar de nossos pontos de vista estreitos. Quando nos relacionamos com a vida (e com os outros) como propriedades a serem possuídas, controladas ou conquistadas, não conseguimos ver corretamente. Quando você arranca uma flor, ela não consegue revelar sua beleza por muito tempo para você; ela murcha. Se você pressionar o ponto fraco de um amigo para subjugá-lo, ele não continuará sendo seu amigo. Se você se relacionar com as pessoas como um conquistador, elas esconderão sua verdadeira natureza de você. A violência é o irmão e a desconfiança é a irmã desse modo de vida. Pessoas que você trata de maneira manipuladora não se revelam para você. Elas se fecham; escondem sua real natureza; tornam-se opacas.

Enquanto nos relacionarmos com os outros dessa maneira, as pessoas não poderão ser mais do que apenas personagens a serem definidas, rotuladas, categorizadas e manipuladas. Mas a oração nos ajuda nesse ponto. Quando, em oração, vemos toda a vida como um presente, as pessoas se tornam o maior presente. Elas não são mais peças de xadrez para serem movidas, ou aliados em nossos esquemas e ambições, mas pessoas com quem formamos uma comunidade, com quem aprendemos. Na oração, descobrimos que as pessoas são mais do que personagens, e quando nos tornamos pessoas umas para as outras, "soamos através" de uma paz maior do que poderíamos criar sozinhas e de um amor mais profundo e amplo do que caberia em nós apenas.

Quando nos tornamos pessoas, tornamo-nos transparentes uns aos outros e a luz pode brilhar através de nós, Deus pode falar através de nós. Quando nos tornamos pessoas que transcendem as limitações de nossos personagens individuais, o Deus que é Amor pode se revelar em meio a nós e nos levar a formarmos uma comunidade. Nós nos tornamos transparentes. Outros perdem sua opacidade e nos revelam a face amorosa de nosso Senhor.

Nossa sociedade torna difícil ver as pessoas como transparentes porque, com frequência, nos relacionamos com os outros como personagens de uma peça – personagens diferentes e interessantes que podemos usar para diferentes propósitos. "Ele é bom nisso", dizemos. "Ela é boa nisso". Queremos usar as pessoas. Às vezes, é claro, devemos nos relacionar com as pessoas em seus papéis apropriados. Esperamos que os professores ensinem, as operadoras de telefonia nos ajudem a encontrar números. Mas ainda nos lembramos também de que uma pessoa é mais do que seu papel. Se você vê em mim mais do que minha função ou meu emprego, então, lentamente, eu consigo me comunicar com você em um nível mais profundo. Eu consigo me tornar uma pessoa para você.

E, ao nos encontrarmos de verdade com o outro, entramos em contato com uma grande beleza e com um senso de reverência. Muitas vezes brilhamos através das realidades que nós mesmos não vemos, que nem mesmo compreendemos completamente. Uma vida de oração, portanto, é aquela em que nós revelamos o mundo a partir da escuridão, transformando pessoas – de meros papéis em pessoas.

O fim dos inimigos

A mensagem do Evangelho transborda compaixão, com um amor que se dispõe a "sofrer com", mesmo com aqueles de quem não gostamos naturalmente. Jesus nos revela através de suas palavras e ações, mas, acima de tudo, através de sua vida e morte, que Deus é Amor, mesmo para os desagradáveis e incapazes de amar. Jesus nos chama para fazer desse amor divino a base de nossa vida. "Esse é o meu mandamento", disse Jesus, "que amem uns aos outros como eu vos amei" (Jo 15,12).

As implicações desse chamamento ao amor são difíceis de apreender de forma plena. O tipo de amor ao qual Jesus nos chama inclui o inimigo, não apenas o vizinho amigável. Esse amor pode, em muitos aspectos, contrariar nossos desejos, necessidades ou expectativas. Nossa compreensão do amor é tão fortemente influenciada por ideias de relações humanas interpessoais – atração pessoal, compatibilidade mútua, desejos sexuais, entendimentos culturais de sensibilidade –, que temos dificuldade em perceber que o amor de Deus vai muito além desses limites.

Durante o Curso de História Cristã, o amor aos inimigos tem sido frequentemente visto como a essência da santidade. Staretz Silouan, um monge grego ortodoxo do século XX, escreveu: "Se você orar por seus inimigos, a paz chegará até você. E quando você ama seus inimigos, tenha certeza de que a grande graça divina habita você"[8].

A prova do amor é nosso perdão aos inimigos; assim como Jesus perdoou (Lc 23,34), nós também perdoamos. Estêvão, o primeiro mártir cristão, seguiu seu Senhor ao ser apedrejado, e orou: "Senhor, não lhes impute esse pecado" (At 7,60). Isso não é fácil, é claro; em grande parte devido às maneiras pelas quais continuamos a ansiar por atenção, afeto, influência, poder, mesmo depois de ouvir a Palavra de Deus de que somos seus amados. Essas necessidades nascem de nossas feridas e parecem nunca ser satisfeitas. Quando tentamos encontrar uma explicação para essas feridas, descobrimos como elas foram infligidas a nós por pessoas que, por sua vez, são também pessoas carentes. Através de gerações parece haver uma corrente de feridas e carências. E quando nós mesmos tentamos evitar ferir, descobrimos que, mesmo com as melhores intenções, não conseguimos evitar encontrar pessoas que se sentem rejeitadas, mal compreendidas ou magoadas por nós.

---

8. BOLSHAKOFF, S. *Russian Mystics.* Kalamazoo, Mich.: Cistercian, 1977, p. 253.

Assim, parece haver uma longa cadeia de feridas e carências interligadas que se estendem pelo longo passado e avançam para o nosso futuro. Essa imagem nos leva a transformar o amor em uma espécie de troca mecânica: "Eu vou amá-lo se você me amar; eu lhe darei se você me der; eu emprestarei para você se você me devolver a mesma quantia". Enquanto continuarmos buscando nosso mais profundo senso de quem somos em meio às outras pessoas, acabaremos dividindo o mundo entre pessoas que são por nós e pessoas que são contra nós; pessoas que nos aceitam e pessoas que nos rejeitam – amigos e inimigos.

O Evangelho nos liberta da cadeia de feridas e carências, revelando-nos uma compaixão que pode fazer mais do que reagir às necessidades que surgem das nossas feridas. Isso é feito nos colocando em contato com uma aceitação que precede qualquer aceitação ou rejeição humana. E esse amor original é vasto e abrangente; tem o poder de incluir inimigos e amigos, o poder de nos permitir amar dessa maneira. Esse é o amor que nos torna filhos e filhas do "Altíssimo", que "é gentil com os ingratos e com os maus" (Lc 6,35). "Ele faz raiar seu sol sobre o mal e sobre o bem e derrama chuva sobre os justos e sobre os injustos" (Mt 5,45).

Quando nosso amor cresce a partir do amor de Deus, não dividimos mais as pessoas entre as que o merecem e as que não o merecem. É esse amor que nos permite ver o inimigo como alguém amado com o mesmo amor com o qual somos amados. Não precisamos mais nos posicionar uns contra os outros. Amar como Cristo amou significa participar do amor divino, que não conhece distinção entre amigo e inimigo. Martin Luther King Jr. escreveu: "Um amor transbordante que nada espera de volta, ágape, é o amor de Deus operando no coração humano. Nessa dimensão, nós amamos as pessoas não porque gostamos delas nem porque elas possuem algum tipo de centelha divina; amamos todos os seres humanos porque Deus os ama"[9].

Lembramos que, em certo sentido, os inimigos são inimigos apenas pela nossa insistência em excluí-los do amor de Deus em nossos corações. "Sede, pois, misericordiosos, como também vosso Pai é misericordioso", Jesus nos diz. "Não julgueis e não sereis julgados; não condeneis e não sereis condenados, perdoai e sereis perdoados" (Lc 6,36-37).

E aqui aprendemos outra lição: como o amor divino de Deus nos reduz à humildade, uma espécie de pobreza interior: "Bem-aventurados os pobres", disse Jesus no Sermão da Montanha. Note que Ele não disse: "Bem-aventurados os que se importam com os pobres" (embora Ele certamente tenha elogiado, em outros momentos, aqueles que ajudaram os "inferiores" e os necessitados). Em certo sentido, todos, no corpo de Cristo, somos pobres. Mas quando nos reunimos em uma pobreza mútua, em uma vulnerabilidade compartilhada, oferecemos e recebemos uns dos outros.

Em nossa pobreza se esconde uma grande bênção, pois Deus decidiu revelar sua glória na vulnerabilidade e na

---

9. KING JR. M.L. *Strength to Love*. Filadélfia: Fortress, 1981, p. 47-55.

incompletude, não na presença que se impõe ou na autoridade manipuladora. É isso que a cruz nos ensina. Quando João Evangelista viu Cristo ferido na crucificação, viu sangue e água saindo da lateral do corpo dele (Jo 19,34). E nós também percebemos um presente fluindo do corpo partido que deu vida, que dará nova vida às nossas comunidades e aos nossos relacionamentos. Nós sofreremos e sofreremos uns com os outros; mas, ao fazê-lo, descobriremos nada menos do que a presença de um Deus cuja consolação nos faz seguir adiante.

A dor sofrida sozinha é muito diferente da dor sofrida ao lado de outra pessoa. Mesmo quando a dor permanece, sabemos como é diferente quando outra pessoa se aproxima e compartilha dessa dor conosco. Esse tipo de conforto surge de forma mais plena e poderosa na Encarnação, quando Deus adentra em nosso meio – nossa vida – para nos lembrar: "Eu estou com você em todos os momentos e em todos os lugares". Em Cristo, Deus se aproxima de nós em meio aos nossos sofrimentos – a dor de bebês ou de adolescentes, as mágoas de adultos jovens ou idosos, as aflições dos desempregados e da pessoa que repentinamente volta a ser solteira. Não há sofrimento humano que não tenha, de alguma forma, feito parte da experiência de Deus. Esse é o grande e maravilhoso mistério de Deus: tornar-se carne para viver entre nós. Deus se torna parte de nosso pranto e nos convida a aprender a dançar – não a sós, mas com os outros, compartilhando da compaixão de Deus, tanto dando quanto recebendo.

5

De uma morte amedrontada a uma vida feliz

Por duas vezes cheguei muito perto da morte. No primeiro contato com ela, uma van me atingiu enquanto caminhava por uma estrada bastante movimentada. A colisão me deixou inconsciente e acordei em um hospital, cercado por enfermeiros e médicos bastante preocupados.

Poucos anos depois, fui parar no hospital novamente; dessa vez com uma infecção perigosa. A exaustão por tentar cumprir uma agenda implacável me deixou em uma condição muito fraca para combater a doença. Também poderia ter morrido.

Nesses momentos, a morte já não pairava mais sobre os arredores da minha consciência. Enquanto me recuperava desses rápidos encontros com a morte, percebi que poucas pessoas estão prontas para morrer. A maioria das pessoas que conheço não se prepara para isso, a menos que as circunstâncias as obriguem. Que raras são as ocasiões em que olhamos para a morte, mesmo quando estamos perto dela! Nós, rotineiramente, esquecemos como Deus faz nossa vida parte de uma vida maior, que se estende muito além dos horizontes de nascimento e morte.

Um amigo meu está morrendo. Como eu gostaria que ele pudesse ser curado! Mas também sei que a cura final para ele, para todos nós, significa algo mais do que a libertação de doenças físicas ou de um corpo em deterioração. Nosso tempo de vida, seja 30 ou 90 anos, nos dá a oportunidade de dizer sim a um presente oculto de Deus, a uma realidade que, embora difícil, oferece um espaço para o encontro divino e para o crescimento profundo. Encontrar a cura significa pertencer completamente a Deus, nascer para uma vida e um amor que são perenes. Guarda mais relação com buscar primeiro o Reino de Deus e encontrar os anseios mais profundos de nossos corações realizados do que com a condição de nossos corpos.

Enfrentar a morte, pensando assim, não precisa ser um exercício de autopiedade. Em vez disso, é uma maneira de celebrar nossa vida como filhos e filhas amados por Deus, para que possamos viver nossos últimos dias, sejam eles poucos ou muitos, como dias de constante abertura para o que está por vir. O Deus que nos criou e nos chamou de "amados", antes mesmo de nascermos, vive conosco e em nós. Nada pode nos separar desse amor de Deus em Cristo, mesmo em meio à realidade da morte, que em grande medida preferimos ignorar ou evitar. Viver com alegria através da vida e da morte requer que aprendamos a identificar a voz do amor divino em qualquer eventualidade. É tão raro caminhar através da minha existência diária com essa perspectiva eterna! Mas essas descobertas relacionam-se muito, não apenas com o nosso fim, mas também com a nossa vida diária.

Aprisionado na natureza humana

Essa vida diária, no entanto, lembra-nos constantemente da nossa falta de forças internas e das dificuldades externas. Brigas com a família, pressões no trabalho, conflitos com amigos nos fazem sentir pequenos e insignificantes. A doença ou a dor crônica nos faz perceber nossa vulnerabilidade física. Frequentemente nos sentimos culpados ou envergonhados em relação às maneiras pelas quais fazemos escolhas erradas ou ferimos outras pessoas. Às vezes nos sentimos aprisionados em nossa humanidade. Sentimos profundamente como as coisas ficam aquém das nossas expectativas.

Tentamos de várias maneiras nos libertar dessa armadilha. Achamos que seremos salvos com mais dinheiro, talvez, ou com outro emprego, outro cônjuge, uma casa melhor, um novo programa de dieta ou exercícios, ou uma melhor compreensão de nós mesmos. Todas essas abordagens são esforços para mudar a partir de baixo. Como ovelhas presas em um arbusto espinhoso, quanto mais nos esforçamos para sair, mais enroscados ficamos.

É verdade que podemos precisar trabalhar para mudar nossas circunstâncias de vez em quando; podemos, com razão, ficar ocasionalmente inquietos. Afinal, nossos corações não se contentam com um pouquinho de vida, com apenas sentir o gostinho do amor. Desejamos toda a vida e todo o amor porque Deus fez nossos corações e nos deu um pouco do seu coração ilimitado. Nós queremos ser mais do que somos.

Mas as mudanças que propomos, nossas resoluções, novos programas e esquemas de autoajuda não nos libertarão definitivamente porque continuamos a nos mover dentro das restrições impostas pela mortalidade. Todos nós acabaremos morrendo. Nós não podemos escapar dos nossos limites terrestres. Nós temos que viver sabendo que um dia morreremos.

Isso pode nos desencorajar, é claro. Isso leva alguns ao desespero. Mas também podemos discernir, nas próprias decepções, que a vida nos dá chances de refletir esperançosamente sobre nossa mortalidade. Nascer, ir à escola, cursar a faculdade, casar-se, conseguir um primeiro emprego e se aposentar, tudo isso nos dá a oportunidade de abrir mão do que achamos familiar. Elas introduzem em nossa vida "pequenas mortes". Lembram-nos de que o medo e o amor nascem ao mesmo tempo e nunca estão totalmente separados na nossa existência. Mas, quando entramos em contato com essas pequenas mortes, encontramos a vida. Elas nos permitem aprender a deixar ir, preparam-nos para descobrirmos uma vida diferente da que conhecíamos antes.

A vida é uma escola na qual somos treinados para partir. É isso que a mortificação realmente significa: treinar para morrer, cortar os laços escravizantes com o passado. Assim, o que chamamos de morte não é mais uma surpresa, mas sim o último de muitos portais que nos levam a ser pessoas humanas plenas.

O fim que não vemos

Por que não nos preparamos para a morte se vivemos tão perto dela? Eu noto o quanto evitamos a morte em nossa cultura. Tentamos revesti-la de cosméticos e de futilidades. Não conseguimos nem imaginar que possa vir algo de bom da dificuldade e da morte. Quando alguém sofre, queremos ficar longe; quando alguém morre, não queremos enfrentar plenamente a sua morte. Dizemos: "Ele faleceu" ou "Ela nos deixou". Embora a morte de cada um seja a única certeza que temos, negamos a morte como se fosse a coisa mais irreal. A forma como enterramos as pessoas em nossa sociedade me parece uma maneira bastante sofisticada de negar a realidade da morte. Nós a tiramos do alcance da vista. Quando as pessoas que amamos morrem, nós as cercamos de flores e choramos por elas em salas ricamente adornadas. Nós não vemos pessoas mortas com frequência, e, quando o fazemos, tendemos a manter nossos filhos afastados.

Um amigo meu tinha um pequeno pássaro e, certa manhã, o encontrou morto na gaiola. Ele tinha tanto medo de seu filho ver o pássaro sem vida, que correu até a loja para comprar outro e colocá-lo na gaiola antes que seu filho descobrisse o que havia acontecido. Ele não queria ter de contar ao filho que não vivemos para sempre. Não importava se o pássaro que meu amigo tanto se esforçou para substituir não fosse o mesmo pássaro, nem poderia ser. Ele traiu uma convicção nascida do medo – de que devemos evitar a morte a todo custo, mesmo que isso signifique não valorizar a singularidade de cada vida.

Em nossos relacionamentos, às vezes agimos como se preferíssemos a ilusão de que vivemos imortalmente. Esquecemos de que nos veremos apenas por um tempo relativamente curto. Que você ou eu talvez não estaremos aqui amanhã, na próxima semana ou no próximo ano. E, assim, evitamos a morte, em vez de valorizar a vida por toda a sua preciosidade.

Aqueles que não evitam a morte podem romantizá-la. A negação da morte em nossa cultura vem acompanhada de uma ironia: um fascínio pela morte. Vemos esse fascínio no mundo do entretenimento, com suas imagens sombrias de violência, com letras de músicas que exaltam o macabro. Vemos isso no cenário mundial, no qual bilhões de dólares destinam-se a orçamentos militares e artefatos de guerra, com pessoas glorificando o combate. Substituímos a dor legítima da morte e morremos em favor de uma visão irrealista, até mesmo sentimentalizada.

Jesus, ao contrário, nos chama para uma visão simples e clara da morte. Considere como Jesus ressuscitou Lázaro dos mortos no Evangelho de João. Talvez, como alguns dos espectadores da história, queiramos apenas o milagre de alguém ressuscitado dos mortos. Vemos a promessa da cura, mas não vemos tão facilmente o cuidado, a participação no sofrimento, o compartilhamento da dor. O que não queremos ver são as lágrimas e a profunda tristeza que levou Jesus a orar ao seu Pai.

Jesus, no entanto, não quer que evitemos esse confronto. Seria mero acaso Ele não ter ido até a cena do pranto e da lamentação logo após a morte de Lázaro? Ele ouvira dias antes que Lázaro havia adoecido. Ainda assim, esperou. Seria porque talvez quisesse que não sobrassem dúvidas de que Lázaro estava realmente morto? Quando Jesus ordenou a abertura do túmulo, Marta, irmã do morto, protestou: "Já cheira mal porque ele está morto há quatro dias" (Jo 11,39). Mas o chamado de Jesus à vida brotou de suas lágrimas e do sopro que surgiu das profundezas de seu coração.

Nossa morte pode se tornar um sinal de glória. Jesus mostrou o quanto nossa vida é, de fato, preciosa: Ele lamentou, Ele chorou. E desse pranto nasceu uma nova vida. É através da morte que tocamos profundamente a vida. Quando menino, eu queria ser uma exceção; eu não queria morte nem sofrimento. Mas agora percebo que Deus quer que eu participe da experiência da morte. Conforme faço isso, Ele fortalecerá minha esperança em meio à morte.

Lições de perda

Não é apenas a morte que nos perturba, é claro. É o processo de morrer também. A lenta deterioração do corpo e da mente, a dor da propagação de um câncer, a perspectiva de sobrecarregar os amigos, a incapacidade de controlar nossos movimentos, a tendência a esquecer eventos recentes ou os nomes de familiares, a suspeita de que entes queridos nos dizem apenas metade da verdade para "nos proteger" – tudo isso, compreensivelmente, nos assusta. Não é de admirar que às vezes digamos: "Espero que não demore muito. Espero morrer de um ataque cardíaco inesperado, e não de uma doença prolongada". Gostaríamos de administrar e orquestrar até mesmo nosso ato final.

Mas não importa quando ou como morreremos; nós inevitavelmente desistimos da insistência de controlar os detalhes. O que é a morte? Eu não sei e você não sabe. Nós nos vemos reduzidos a admitir que a morte vem de formas extremamente únicas e individualizadas. Quem é capaz de prever? Mas uma coisa soa como certa: na morte nós saltamos, nos soltamos, nos entregamos, desistimos do lugar seguro que conhecemos como confortável – quer o façamos prontamente ou não. A morte, às vezes, parece-nos tão seca quanto o deserto do Sinai e tão solitária quanto a cruz. Pense em alguns de nossos antepassados na fé: Moisés não poderia conhecer cada curva no caminho pelo qual conduziu o povo para fora do Egito. Jesus mergulhou em uma incrível escuridão, chorando na cruz: "Meu Deus, meu Deus, por que me abandonaste?" (Mt 27,46). Ainda assim, Ele não se atirou da cruz; ainda assim, Ele realizou a vontade do Pai de redimir o mundo.

Nós não sabemos o que está além desta nossa vida. Não podemos prever nada sobre o futuro, com certeza; qualquer tentativa da nossa fantasia de preencher o vazio procurando realizar nossos desejos de forma concreta é mais um sinal de fé fraca do que de esperança forte. A fé nos pede para saltarmos, para nos rendermos e para acreditarmos que, em algum lugar, de alguma forma, Alguém vai nos resgatar e nos levar para casa.

Com essas convicções, podemos enfrentar a morte com mais do que medo ou evitação. Podemos aprender a viver ainda melhor porque não insistiremos em ignorar o que não somos capazes de prever. Aprender a morrer tem algo a ver com viver cada dia em plena consciência de que somos filhos de Deus, cujo amor é mais forte do que a morte. E, à medida que aprendemos a fazê-lo, começamos a nos encontrar, de maneiras breves a princípio, começando por não nos apegarmos ao que temos, a não entrarmos em pânico tentando reservar um lugar seguro onde possamos nos agarrar no aqui e no agora. Admitimos que não sabemos o que acontecerá no dia seguinte, o que nossos entes queridos dirão ou farão a seguir, sobre o que Deus poderá fazer no próximo ano. Mas isso não nos desanima, porque também nos lembramos de que nunca descobriremos se não expusermos nossas escolhas ao risco.

Toda vez que somos capazes de aproveitar o presente, sabendo que o amanhã trará consigo ao menos alguns momentos difíceis, algumas incertezas, alguns lembretes de nossa mortalidade, podemos aprender a esticar os braços para o Outro em quem confiamos, para o Grande Outro. Deixamos o lugar seguro e começamos a explorar um novo terreno. Atravessamos as paredes do nosso conservadorismo inato, abrigados em nossa necessidade de nos apegarmos ao que temos, conhecemos e acumulamos e, assim, experienciamos uma libertação por meio da entrega; aprendemos a transformar nossa ansiedade em esperança e a nossa morte em êxodo.

Você se lembra do que Jesus falou a Moisés e a Elias no momento de sua glorificação, de sua transfiguração?

[Jesus] foi transfigurado [diante de Pedro, Tiago e João], e suas vestes tornaram-se ofuscantemente brancas; ninguém na terra conseguiria torná-las mais brancas. E apareceram Elias e Moisés, que conversavam com Jesus. Então Pedro disse a Jesus: "Rabi, é bom estarmos aqui; façamos três moradas, uma para você, uma para Moisés e outra para Elias". Ele não sabia o que dizer, pois estavam aterrorizados. Então uma nuvem os cobriu, e da nuvem veio uma voz: "Este é o meu Filho amado; escutem-no!" De repente, quando olharam ao redor, não viram mais ninguém com eles, apenas Jesus.

Quando desceram a montanha, Jesus ordenou-lhes que não contassem a ninguém sobre o que haviam visto até que o Filho do Homem tivesse ressuscitado dos mortos. Dessa forma eles mantiveram o segredo, questionando o que esse ressuscitar dos mortos poderia significar. Então eles lhe perguntaram: "Por que os escribas dizem que Elias deve vir primeiro?" Ele disse: "Elias, de fato, vem em primeiro lugar para restaurar todas as coisas. Como está escrito sobre o Filho do Homem, que Ele deve passar por muitos sofrimentos e ser tratado com desprezo? (Mc 9,2-12).

Aqui, mesmo nesse momento brilhante de resplandecente êxtase, Jesus fala de seu sofrimento e de sua morte. Jesus falou com o líder do Êxodo do Egito para a terra prometida sobre o seu novo e último êxodo da morte até a ressurreição, um êxodo para todos os que o seguiriam. Teria que ser levado em uma viagem através da escuridão para a luz, através do sofrimento para a redenção, através da dor para a cura, mas Deus iria levá-lo e trazê-lo de sua morte à vida.

Se a morte não se tornar parte de nosso presente, nunca será nosso êxodo para o futuro. Ao rompermos com nossa necessidade de nos apegarmos ao que temos, ao que sabemos, ao que possuímos, podemos ser libertados pela entrega confiante a Deus. Assim, nossa ansiedade não nos enfraquece, mas nos aponta adiante na alegria, nos aponta até para o que não podemos prever ou ver plenamente, até para a nossa própria morte. De fato, o Novo Testamento pinta um retrato de uma vida eterna que começa agora: "Vejam como é grande o amor que o Pai nos concedeu: que fôssemos chamados filhos de Deus, o que de fato somos... Amados, agora somos filhos de Deus, e ainda não se manifestou o que havemos de ser, mas sabemos que, quando Ele se manifestar, seremos semelhantes a Ele, pois o veremos como Ele é" (1Jo 3,1-2).

A promessa inabalável

A certeza de tais realidades não sugere que nossas convicções em desenvolvimento não serão testadas. Na presença da morte, às vezes nos sentimos abandonados. O Novo Testamento chama a morte de "último inimigo", por uma razão (1Cor 15,26). O encontro de Jesus com ela na cruz teve um grande custo. Ele mesmo voltou-se para as palavras angustiadas do Sl 22 para expressar o desamparo que a morte às vezes pode significar: "Meu Deus, meu Deus, por que me abandonaste?" (Sl 22,1).

O choro de Jesus na hora de sua morte nos lembra como podemos orar esse salmo, com toda a sua pungência, acreditando que Deus cumprirá suas promessas e estará conosco, mesmo em meio à nossa angústia. Note-se que o salmista, apesar de todo o seu sentimento de abandono, invoca a Deus. Ausência e presença se tocam. De sua total dor e esquecimento vem uma oração íntima: "Meu Deus, meu Deus". O Deus que o salmista teme ter desviado o olhar ainda é um Deus por quem ele pode falar. E vai falar. Aquele que parece longe do nosso alcance é aquele para quem ainda nos voltamos.

De fato, o salmista sente a mão de Deus enquanto se encolhe diante das garras ameaçadoras dos cães. Ele espera pela Palavra de Deus da boca do leão, conhece o terno cuidado de Deus curvando-se através dos chifres de um boi. Enquanto sofre cheio de dores e injustiças, ele sente a mão do Todo-poderoso. Ele ouve o convite para ficar com

Deus enquanto está cercado de agressores. "Em ti os nossos antepassados depositaram sua confiança; confiaram, e os livrastes" (Sl 22,4).

Pense não apenas nesse salmista, não apenas em Jesus na cruz, orando por aqueles que o matariam, mas também nos judeus orando por seus torturadores nos campos de concentração. Pense naqueles que, no doloroso extremo do Sudão ou da América do Sul, lembram-se de invocar a Deus. Porque a jornada de Cristo não terminou na cruz. No caminho para Emaús, vemos que a imagem mudou do desespero para a esperança. Em todas as vezes que Jesus apareceu aos seus discípulos, vitorioso sobre a morte, vemos uma imagem de outro caminho, uma certeza que permite não nos desesperarmos. Isso nos dá a esperança de que a jornada da vida até a morte nos leve finalmente da morte à vida.

Dizendo adeus

"É para o seu bem que eu me vou", disse Jesus a seus discípulos amedrontados, ainda confusos, quando olhavam à frente, juntos, para a morte (Jo 16,7). O tema dos ensinamentos dele nesse dia foi a partida. Ele precisava falar sobre deixar para trás, ir embora, despedir-se, dizer adeus. Ouvindo tais palavras, podemos inicialmente sentir tristeza. E se você já esteve em lugares de onde navios, aviões e trens partem para destinos distantes, já pôde ver muitas lágrimas enquanto laços estreitos estavam sendo quebrados e as pessoas se afastavam umas das outras.

Mas a despedida de Jesus mostra um ânimo diferente. Ele anuncia sua partida dolorosa como uma promessa. "É para o seu bem que eu me vou", disse Ele, "Se eu não for, o Consolador não virá para vocês; mas se eu for, eu o enviarei" (Jo 16,7). Nessas palavras, a partida perdeu sua fatalidade. Eles não mais verão Jesus, mas experienciarão a presença ainda mais constante do Espírito Santo, que será enviado por Jesus. Dor e alegria, ansiedade e liberdade, perder um amigo e ganhar um amigo não lutam mais como opostos, mas se unem nessa emoção mais profunda de esperança que, muitas vezes, está além da articulação. Tudo porque, mesmo na perda do que nos é mais caro, Deus fica ao nosso lado e se torna nosso companheiro mais próximo.

Devemos enfrentar não apenas nossa própria morte, mas acolher de bom grado a morte daqueles que conhecemos, amamos e com quem convivemos. Partir é como uma condição de vida, uma condição para o crescimento cristão. A despedida de Jesus traz um convite silencioso para entendermos nossa vida como um afastamento constante do familiar para o eterno, do que desfrutamos de maneira temporária para o que um dia desfrutaremos para sempre. E vamos experienciar a partida dos outros. Eles também participam das inevitáveis transições deste mundo.

Somos ajudados nesse desapego daqueles que nos são queridos trazendo lembranças à memória deles e à nossa própria memória. Quando deixamos o corpo seguro de nossas mães, estamos prontos para respirar sozinhos e iniciar o caminho para nos tornarmos pessoas. Quando nos afastamos do núcleo mais próximo da nossa família, onde somos o centro das atenções, e vamos para a escola, temos a chance de testar nossas potencialidades e de desenvolver novas amizades. Quando saímos de casa para cursar a faculdade, recebemos a liberdade de reavaliar as muitas coisas que nos são dadas e integrar o que consideramos significativo. Quando deixamos nossos pais para nos casarmos ou entrarmos na vida religiosa, podemos vivenciar o desafio de construirmos nosso próprio lar, dando vida a outros. E quando nos aposentamos, podemos ter a possibilidade há muito adiada de aceitarmos algumas das dimensões básicas da vida.

Se a vida, então, é uma constante partida, um constante desvanecimento do passado, para alcançarmos mais independência, mais liberdade e mais verdade, se a nossa partida final nos der a independência, a liberdade e a verdade finais pelas quais estivemos tentando alcançar ao longo de toda a nossa vida, por que não poderia ser assim para aqueles que amamos?

Assim, verdadeiramente, a morte não é mais o destino cruel do homem, que destrói todos os esforços, que transforma cada tentativa em algo ridículo e que esmaga toda a criatividade em migalhas sem sentido – é um sinal para uma compreensão mais profunda. E, à luz da partida de Cristo, podemos dizer que podemos amar não apesar da morte, mas por causa dela. Deixe-me contar um conto de fadas.

Era uma vez um jovem que vivia em uma grande cidade. Todas as noites ele ia ao mesmo restaurante e sentava-se à mesma mesa. Ele se sentia muito sozinho. Mas um dia viu que havia uma linda rosa em sua mesa e uma sensação de calor penetrou seu coração. E ele voltava dia após dia e ficava olhando para a rosa durante as refeições. Às vezes ele estava triste, às vezes feliz, às vezes indiferente, às vezes com raiva. Mas, embora seu humor fosse diferente, ele percebeu que a rosa era sempre a mesma. Ele não entendia.

E, então, com muito cuidado, ele tocou a rosa – uma coisa que ele nunca ousara fazer antes. Mas, quando sentiu as pontas duras das folhas, ele de repente percebeu que a rosa não era viva. Era uma rosa de plástico. O jovem levantou-se de raiva, arrancou a rosa do vaso seco e esmagou-a entre os dedos. E então chorou e se sentiu mais sozinho do que nunca.

Nós não somos feitos para amar as coisas imortais. Só o que é insubstituível, único e mortal pode tocar nossas mais profundas sensibilidades humanas e ser uma fonte de esperança e consolo. Deus só pôde ser amado quando se tornou mortal. Ele se tornou nosso Salvador porque sua mortalidade não era fatal, mas sim o caminho da esperança.

Nós temos visto muitos se afastando de nós. Milhares estão partindo: grandes líderes, amigos queridos e muitos outros desconhecidos, mas parte de nossa vida. Nós os amamos porque eles não poderiam ser substituídos, porque eles eram humanos. Talvez possamos começar a ver, através da despedida de Cristo, que, mesmo esses dias, podem ser dias de esperança, abrindo o caminho para o

Espírito vir até nós, abrir as portas fechadas dos nossos medos e nos levar à plena liberdade e à plena verdade.

E à gratidão. O personagem principal e narrador do romance *My Name Is Asher Lev* descobriu algo sobre isso. Ele ansiava por desenhar e pintar como artista desde quando era bem jovem.

> Eu também desenhava a maneira como meu pai uma vez olhou para um pássaro caído de lado no meio-fio perto de nossa casa. Era o *Shabbos [Sabbath], e estávamos voltando da sinagoga.*
>
> *"Está morto, papai?" Eu tinha seis anos e não conseguia olhar para ele.*
>
> *"Sim", eu o ouvi dizer de uma maneira triste e distante.*
>
> *"Por que ele morreu?"*
>
> *"Tudo o que vive deve morrer."*
>
> "Tudo?"
>
> "Sim."
>
> "Você também, Papai? E a Mamãe?"
>
> "Sim."
>
> "E eu?"
>
> "Sim", disse ele. Então ele acrescentou... "Mas que possa ser somente depois de viver uma vida longa e boa, meu Asher."
>
> Eu não conseguia entender. Forcei-me a olhar para o pássaro. Tudo vivo seria, um dia, tão imóvel como aquele pássaro? "Por quê?", perguntei.
>
> *"É assim que o Ribbono Shel Olom fez o seu mundo, Asher."*
>
> *"Por quê?"*
>
> *"Para que a vida pudesse ser preciosa, Asher. Algo que é seu para sempre nunca é precioso*[10].

---

10. POTOK, C. *My Name Is Asher Lev.* Nova York: Knopf, 1972, p. 156.

A cura final?

Tenho um amigo que me disse em seu leito de morte: "A cura final será eu poder ouvir a voz do amor, experienciar a verdadeira liberdade e ter o mais profundo desejo do meu coração atendido". Se mantivermos mais leve nossa vida e nos entregarmos a Deus, viveremos mais perto dele, nos sentiremos cada vez mais gratos, mas provavelmente não mais populares e bem-sucedidos. Morrer é desistir de si mesmo, entregando-se a Deus. O que recebemos tem mais a ver com o intangível do que com o mundano próspero. Pode parecer simples, de fato.

Certa vez eu estava me preparando para celebrar a Eucaristia na capela da Comunidade L'Arche. Uma mulher, que mal conseguia falar por causa de uma deficiência, veio até mim e disse: "Você poderia me dar uma bênção?"

"Claro!", respondi, e preparei-me para fazer uma oração formal, levantando a mão e o braço com uma manga longa e esvoaçante.

"Não", ela interrompeu, "quero dizer uma bênção verdadeira".

Ela queria um abraço! Ela queria que eu me colocasse naquilo por inteiro. É claro que a atendi e disse a ela: "Você é a amada de Deus. E você é muito singular". Isso a fez sentir satisfeita.

Em seguida, outro membro da nossa comunidade disse: "Eu também quero isso". Logo chegaram outros. Um homem de 25 anos, um assistente que veio morar e servir em nossa comunidade depois da faculdade, se aproximou.

"Evan", eu lhe disse. "Estou tão feliz por você estar aqui". Eu coloquei meus braços ao redor dele e disse: "Este meu abraço é Deus abraçando você e dizendo: 'Você é o filho amado'. Confie nisso e viva sua vida nessa certeza". Seu corpo inteiro relaxou. Era como se ninguém nunca lhe tivesse dito aquilo. Mas agora ele estava pronto para ouvir.

Foram os pobres, os deficientes entre nós, os primeiros a nos ensinar a pedir uma bênção. Aqueles que mais sofreram abriram o caminho, nos deram uma lição profunda de suas próprias necessidades. Aqueles que poderiam muito bem ter morrido mais jovens do que muitos de nós por causa de suas deficiências descobriram o profundo anseio no coração de cada ser vivo. Eles haviam encontrado uma esperança insaciável.

Nenhum de nós, em última análise, evita a realidade da morte, apesar de negarmos tanto; nenhum de nós pode desfazer muito do que nos foi "dado", que herdamos no nascimento. Alguém, não alguma coisa nova, precisa nos libertar, nos resgatar. Alguém de cima. Jesus nos diria: "Eu quero lhe dar meu amor, meu coração, minha respiração, o Espírito. Eu quero elevá-lo ao meu próprio círculo de amor. Não depois que você estiver morto, mas agora, nesta vida, para que você se sinta perdoado, amado, livre".

Ainda sentimos dor quando a morte visita aqueles a quem amamos ou recuamos quando se aproxima de nós, é claro. Nós sofreremos de muitas maneiras. Mas nossas dores serão semelhantes às dores de parto, que trazem nova vida. Isso traz ao nosso mundo uma nova vida. Encarar a morte nos permite experimentar essa vida de uma maneira que nossa negação nunca permitiria. Convidar Deus para o nosso sofrimento significa que nunca andamos sozinhos.

Confrontar nossa morte finalmente nos permite viver melhor. E dançar melhor com a alegria de Deus em meio às noites tristes e às manhãs cheias de esperança.

Lista de fontes

Lista de fontes primárias dos arquivos e pesquisa de
Henri J.M. Nouwen – Biblioteca John M. Kelly,
Universidade do Colégio São Michael

Introdução – **Esperança neste mundo que nos faz sofrer**
"A Time to Mourn, a Time to Dance", 1992 [Manuscript Series].

1 De nossos pequenos eus para um mundo maior
"A Time to Mourn, a Time to Dance", 1992 [Manuscript Series].

"Our Story, Our Wisdom" [Discurso gravado na Universidade Loyola, 26/07/1994, editado e condensado pela Irmã Ellen FitzGerald, Irmãs da Misericórdia]. Burlingame Regional Community, p. 27 [Published Works Series].

"Ministry and Spirituality", 03/06/1977 [Teaching Materials Series].

"The Life and Works of Thomas Merton", 19/10/1978 [Teaching Materials Series].

"Sermon delivered at Trinity Church on the Green. Domingo de Ramos, 15/04/1973 [Manuscript Series].

"Staying Home" [Terceira apresentação]. Triad Initiative, 29/10/1992. Ministry of Money Retreat file [Calendar Files Series].

2 Do agarrar-se ao soltar

"It is my Pleasure to Give as Much to the Latecomer as to Thee", 1960 [Manuscript Series].

"From Illusion to Prayer", 1974 [Teaching Materials Series].

"Contemplation and Action" [Sermão pregado na Igreja de São Paulo]. Columbia University, 10/12/1978 [Manuscript Series].

"Life of the Beloved, Life of Joy", 1992(?) [Manuscript Series].

"The Mystery of the Passion", abr./1984 [Manuscript Series].

"Psalm Course," 1986-1992 [Daybreak Files Series].

"The Power of Love and the Power of Fear" [Transcrição do Sermão dado ao café da manhã na Irmandade da Paz Presbiteriana]. Indianápolis, jun./1985 [Manuscript Series].

"A Sermon for Jeff Merkle" [Manuscript Series].

"Advent sermon", 1971-1974 [Manuscript Series].

"From Resentment to Gratitude", 28/04/1973 [Manuscript Series].

"An Evening with Henri Nouwen", 11/11/1993, St James' Church [Manuscript Series].

3 Do fatalismo à esperança

"Brothers and Sisters in Christ," 12/08/1979 [Manuscript Series].

"The Mystery of the Passion", abr./1984 [Manuscript Series].

"Healing" . In: "Introduction to the Spiritual Life", primavera/1984 [Teaching Materials Series].

"Staying Home" [Terceira apresentação]. Triad Initiative, 29/10/1992. Ministry of Money Retreat file [Calendar Files Series].

"How Do We Keep Our Lamps Burning?", 1973 [Manuscript Series].

"Ministry and Spirituality", 20/01/1977 [Teaching Materials Series].

"The Life and Works of Thomas Merton", 15/11/1978 [Teaching Materials Series].

"Words for Walter Gaffney and Jet Rogers on the day of the day of their wedding", 15/09/1973 [Manuscript Series].

"Be Renewed in the Spirit of the Mind", 1971-1981 [Manuscript Series].

4 Da manipulação ao amor

"Reflections on Compassion", 1983 [Manuscript Series].

"Confession and Forgiveness", 1971-1981 [Manuscript Series].

"The Life and Works of Thomas Merton", 15/11/1978 [Teaching Materials Series].

"About Zacchaeus, Who Climbed the Sycamore Tree", 1971-1981 [Manuscript Series].

"A Time to Mourn, a Time to Dance", 1992 [Manuscript Series].

"Introduction to the Spiritual Life", Primavera/1984 [Teaching Materials Series].

"Ministry and Spirituality", 1975 [Teaching Materials Series].

"An Evening with Henri Nouwen", 11/11/1993, St James' Church [Manuscript Series].

"Ministry and Spirituality", 19/04/1977 [Teaching Materials Series].

5 De uma morte amedrontada a uma vida feliz

"Preparing for Death", 1992-1996 [Manuscript Series].

"Life of the Beloved, Life of Joy", 1992(?) [Manuscript Series].

"Death and Christ", 1971-1981 [Manuscript Series].

"Sermon on the Transfiguration", 1971-1981 [Manuscript Series].

"The Power of Love and the Power of Fear" [Transcrição do Sermão dado ao café da manhã na Irmandade da Paz Presbiteriana]. Indianápolis, jun./1985 [Manuscript Series].

"On Departure", 1966-1971(?) [Manuscript Series].

"Spiritual Living and Ministry", 1991 [Transcrição] [Manuscript Series].

"Deepening a Prayer Life" [fita de uma palestra proferida no Scarritt-Bennett Center]. Nashville, 08/02/1991 [Sound Recordings Series].

* * *

Estas fontes estão preservadas nos Arquivos de Henri J.M. Nouwen

Questões adicionais devem ser dirigidas a Gabrielle Earnshaw: nouwen.archives@utoronto.ca

Para informações adicionais, por favor visite www.nouwen.net

LEIA TAMBÉM:

A felicidade das pequenas coisas

Anselm Grün

A insatisfação com as coisas ou com outras pessoas geralmente tem uma causa mais profunda: a insatisfação com a própria vida. Você se concentra em tudo que não vai bem. Você tem sempre algo a reclamar. Claro, sempre há razões pelas quais você pode estar insatisfeito. E há coisas no relacionamento, na empresa, na história da própria vida que não são fáceis de aceitar. Mas isso também depende da sua atitude interior, de como você reage ao que confronta. Já a pessoa satisfeita concorda com a vida. Também já se queixou, já foi insatisfeita, mas rapidamente se acostumou e disse sim a tudo.

Nesse livro, Anselm Grün irá ponderar sobre os tipos de satisfação, o bem-estar perante a vida e aquela satisfação restrita de quem se concentra em si mesmo. Observará como diferentes atitudes e condições podem nos levar à satisfação. Somos felizes se somos satisfeitos, se estamos em harmonia com nós mesmos e com nossas vidas. Outra atitude é o contentamento. Contentamento é também simplicidade. O frugal se contenta com uma vida simples, e a satisfação tem forma de gratidão. Quem é grato por aquilo que Deus lhe deu, grato pelo que tem hoje, está de bem com a vida.

Autor reconhecido no mundo inteiro por seus inúmeros livros publicados em mais de 28 línguas, o monge beneditino **Anselm Grün**, da Abadia de Münsterschwarzach (Alemanha), une a capacidade ímpar de falar de coisas profundas com simplicidade e expressar com palavras aquilo que as pessoas experimentam em seu coração. Procurado como palestrante e conselheiro na Alemanha e no estrangeiro, tornou-se ícone da espiritualidade e mestre do autoconhecimento em nossos dias. Tem dezenas de obras publicadas no Brasil.

LEIA TAMBÉM:

A vida merece um sentido
Sinais de Deus no caminho

Dom Itamar Vian
Frei Aldo Colombo

Jesus foi um excelente contador de história. Foi o pregador dos caminhos e nas suas pregações aparece seguidamente o cotidiano. Ele falava dos lírios do campo, das aves do céu e das searas maduras. Também estava atento à dona de casa que procurava a moeda perdida, ao pai que acolheu o filho pródigo e ao negociante que vendeu tudo para comprar uma pérola. Suas parábolas estão cheias de luz e são compreensíveis por todos.

Neste livro, de maneira direta e simples, como é a "maneira franciscana" de se comunicar, os autores procuram apresentar facetas do amor no dia a dia de cada um de nós. Tais expressões de amor são, na verdade, sinais da presença de Deus em nossa vida.

Dom Itamar Vian nasceu em Roca Sales, interior do Rio Grande do Sul, no dia 27 de agosto de 1940. Ingressou na Ordem dos Frades Menores Capuchinhos, tendo sido ordenado sacerdote a 1º de dezembro de 1968. Durante 16 anos trabalhou na formação inicial. Em 1984 foi sagrado bispo de Barra, na Bahia, e em 2002 passou, para a Diocese de Feira de Santana, como arcebispo. Na CNBB foi membro do Conselho Permanente. Em sua atuação pastoral sempre dedicou especial atenção aos meios de comunicação social.

Frei Aldo Colombo pertence à Ordem dos Frades Menores Capuchinhos do Rio Grande do Sul. Nasceu no município de Rolante, RS, aos 9 de novembro de 1937. Foi ordenado sacerdote em 12 de julho de 1964. Em três períodos exerceu a missão de ministro provincial. Pelo espaço de quatro anos atuou na Conferência dos Religiosos do Brasil, no Rio de Janeiro, como diretor de cursos. Atualmente reside em Garibaldi, RS, como superior da fraternidade. Sempre esteve ligado à Pastoral da Comunicação, especialmente no *Correio Riograndense*, onde atuou por 23 anos.

LEIA TAMBÉM:

O livro da felicidade

Joan Chittister

Joan Chittister é beneditina, autora *best-seller* e palestrante conhecida internacionalmente. Já participou de diversos programas, incluindo o da renomada apresentadora americana Oprah Winfrey. É defensora da justiça, da paz e da igualdade, especialmente, para as mulheres do mundo todo, e é uma das mais influentes líderes sociais e religiosas do nosso tempo.

Escreveu vários livros que buscam entender o ser humano em perspectiva existencial e religiosa, com linguagem sempre atual e vivencial. Essa nova obra tem a felicidade como tema central.

Para Chittister, a felicidade não é um derivado da riqueza ou do sucesso, mas uma qualidade pessoal a ser aprendida, regida e destemidamente exercida. Porém muitos, erroneamente, acreditam que a felicidade resulta de ter bastante dinheiro, fama, conforto, sucesso mundano ou até pura sorte.

Ao longo dessas páginas, Chittister desenvolve "uma arqueologia da felicidade" enquanto conduz uma "escavação" através da sociologia, biologia, neurologia, psicologia, filosofia, história e religiões, oferecendo *insights* inspiradores que ajudarão peregrinos de todos os lugares a aprenderem a cultivar a verdadeira e duradoura felicidade dentro de si mesmo.

Joan Chittister é autora também de *Para tudo há um tempo* e *Entre a escuridão e a luz do dia*, ambos publicados pela Editora Vozes.

Esse livro é uma ótima opção de presente para o Natal!!

LEIA TAMBÉM:

Amar é a única revolução

A força transformadora do amor a partir das ciências, da filosofia e da religião

Anselm Grün, Gerald Hüther e Maik Hosang

O amor não é apenas o sentimento de uma relação romântica, mas também a energia mais elementar, mais forte e mais bela da evolução. Pois ele é a força paradoxal que une e interliga, mas que simultaneamente liberta e individualiza. Eis por que o amor nos encoraja a descobrir e desenvolver, em nós, entre nós e em nossa volta, potenciais sempre novos.

A esperança de uma sociedade mundial digna do ser humano, plural, mas também livre e pacífica, é uma esperança baseada em última instância na intuição do amor, que em tempos idos nos levou a nos tornar seres humanos – nos "hominizou". E graças à autoconscientização própria do amor tornou-se agora possível liberar novos potenciais dentro de nós e entre nós. De fato, até hoje as inovações e culturas do amor surgiram mais ou menos fortuitamente. Até hoje – excetuadas as breves fases de escolas do amor na Grécia antiga – não se concretizou a obra de formação e desenvolvimento conscientes desta que é a mais importante energia humana da pessoa. Por isso ainda não surgiu a sociedade que tivesse conseguido desenvolver em grau ótimo simultaneamente ambos os polos desta energia – o da individualidade livre e o da interligação humana intensa. No decorrer desse livro os autores irão apresentar algumas indicações de como isso poderá ocorrer futuramente.

Nesse livro eles procuraram reunir os conhecimentos de pelo menos três disciplinas, e assim lançar os alicerces para este empreendimento: a da Ciência das Religiões (Anselm Grün), da Filosofia Social (Maik Hosang) e da Neurobiologia (Gerald Hüther). Visto que estes três ramos científicos, a fim de abordar seus respectivos âmbitos da realidade, tradicionalmente empregam conceitos e parâmetros de reflexão muito diferentes, não foi nada fácil reconstruí-los a partir da perspectiva do amor enquanto energia que em última análise perpassa todas as realidades. Mesmo assim fica claro que, apesar das diferentes formas de expressão e conceitos, é o mesmo amor criativo fundamental que movimenta e realiza todos os setores e etapas ou níveis da evolução e que, em nós seres humanos, tem a capacidade de chegar à autoconsciência.

Conecte-se conosco:

 facebook.com/editoravozes

 @editoravozes

 @editora_vozes

 youtube.com/editoravozes

 +55 24 2233-9033

www.vozes.com.br

Conheça nossas lojas:

www.livrariavozes.com.br

Belo Horizonte – Brasília – Campinas – Cuiabá – Curitiba
Fortaleza – Juiz de Fora – Petrópolis – Recife – São Paulo

  Vozes de Bolso

EDITORA VOZES LTDA.
Rua Frei Luís, 100 – Centro – Cep 25689-900 – Petrópolis, RJ
Tel.: (24) 2233-9000 – E-mail: vendas@vozes.com.br